eビジネス新書

No.363

週刊東洋経済

弁護士業界最前線

週刊東洋経済eビジネス新書　No.363

弁護士業界　最前線

本書は、東洋経済新報社刊『週刊東洋経済』２０２０年１１月７日号より抜粋、加筆修正のうえ制作しています。情報は底本編集当時のものです。（標準読了時間　９０分）

弁護士業界 最前線 目次

変わりつつある弁護士業界

日本弁護士連合会の会長選挙。大方の予想に反して、東京の弁護士会所属の候補者が落選し、仙台の候補者が当選する波乱があった。その背景には、地方と大都市との路線対立があったとみられる。企業活動が盛んで弁護士需要が堅調な東京と、人口減に直面する地方とでは、弁護士会のあり方に関し考え方の違いが生じる。

文系エリートの頂点ともいえる弁護士。難関で知られてきた司法試験だが、近年はそうではない。20年前に4万人を超えていた受験者は現在では約4500人。合格者は約1500人で、3人に1人が合格する試験だ。成績上位層の質にそれほど変わりはないが、下位層の法律や判例に関する知識はかなり劣っている、というのが上の世代の弁護士の意見だ。

今でも紙とファクスのやり取りが標準で、電子化の遅れる裁判所と弁護士の世界。

裁判所はようやく重い腰を上げ、電子化に取り組み始めたが、ＩＴの活用はほかの先進国に比べ周回遅れだ。

大きく変わりつつある弁護士業界の今を追跡した。

会長選で番狂わせ

弁護士業界の地殻変動

ジャーナリスト・伊藤　歩

２０２０年２～３月に行われた日本弁護士連合会（日弁連）の会長選挙は異例の展開となった。過去最大の立候補者数で、しかも、かつてないほどの混戦となり、事前の予想を超えた合従連衡や対立のドラマを生んだ。

全国に４万２０００人いる弁護士の強制加入団体である全国５２の単位弁護士会と、それを束ねる日弁連。その実態は、政界も顔負けの派閥と談合の世界だ。

弁護士会活動は熱心な層とまったくの無関心層とで両極化しており、一般的な傾向として若手は関心が薄く、中堅以上でも稼げる弁護士ほど無関心。会長選も「あまりピンとこない」（都内の３０代弁護士）が、熱心な層にとっては２年に一度、必ず巡ってくる一大イベントなのだ。

東京、大阪が独占

今回の特徴の第1は、過去最高の5人もの立候補者が出たこと。第2に、これまで大半の会長を輩出してきた東京弁護士会（東弁）、第一東京弁護士会（1弁）、第二東京弁護士会（2弁）の東京3会と大阪弁護士会以外の、地方の弁護士会から3人もの立候補者が出たこと。そして第3に、地方会から立候補した、仙台弁護士会の荒中（あらただし）氏が当選を果たしたことだ。

日弁連は戦後生まれの組織である。終戦まで旧司法省の監督下にあった弁護士が、1949年施行の新弁護士法によって、国家権力から完全に独立。自治権を与えられた弁護士が、国家による人権侵害から国民を守れなかった反省に立ち、自発的に自浄機能を発揮する団体として同年9月に発足した。

『東京弁護士会百年史』（東京弁護士会）や『法曹三國志』（岩田春之助著、法律新聞社）などの1980年代に出版された書籍によれば、日弁連は創立当初から、会長は全国の単位弁護士会の代表である代議員の投票で選出されてはいたが、候補者は事実上、東京、大阪の一部有力者間の談合で決まり、選挙は形骸化していたらしい。

高度経済成長期の弁護士を取り巻く社会的、経済的環境は、都市部と地方では大きく異なった。日弁連内部で「中央」と「地方」の利害が対立することも多く、その状況下で「中央」が主導権を握るために取った戦略が、「日弁連会長は東京、大阪から出す」こと。

その日弁連の会長選が、全国の全会員弁護士による直接選挙制となったのは75年。東京・大阪だけで会長職をたらい回しにすることへの地方の若手の不満を、東京、大阪の主流派が抑えきれなくなったのだ。

だが長年染み付いた談合体質はそう簡単には変わらない。75年から82年までの8人の会長のうち、5人については対立候補が出ず無投票当選だった。

「東京と大阪が立候補者の順番を先々まで調整し、その順番どおりに当選するよう、集票面でも協力体制を敷くようになったのは、司法制度改革推進の旗を振った中坊公平氏が当選した90年以降」(大阪の弁護士)だという。

■歴代日弁連会長と会長選立候補者の所属会派

就任年	日弁連会長	弁護士会［会派］	敗退した立候補者（弁護士会、会派）
1984	石井成一	第二東京［紫水会］	川本赳夫　（千葉県）
86	北山六郎	兵庫県［—］	児島 平　（東京） 大坪憲三　（高知） 川本赳夫　（千葉県）
88	藤井英男	東京［法友会］	小林宏也　（東京 法曹親和会） 佐藤庄一郎（第一東京 全期会）
90	中坊公平	大阪［春秋会］	川本赳夫　（千葉県）
92	阿部三郎	東京［法曹親和会］	川本赳夫　（千葉県）
94	土屋公献	第二東京［新風会］	川上義隆　（第二東京 新風会）
96	鬼追明夫	大阪［春秋会］	小野良一　（大阪）
98	小堀 樹	東京［法友会］	前田知克　（第二東京）
2000	久保井一匡	大阪［春秋会］	高山俊吉　（東京 憲法と人権）
02	本林 徹	東京［法友会］	高山俊吉　（東京 憲法と人権）
04	梶谷 剛	第一東京［全期会］	高山俊吉　（東京 憲法と人権）
06	平山正剛	東京［法友会］	高山俊吉　（東京 憲法と人権） 久保利英明（第二東京 紫水会）
08	宮﨑 誠	大阪［春秋会］	高山俊吉　（東京 憲法と人権）
10	宇都宮健児	東京［—］	山本剛嗣　（東京 法友会）
12	山岸憲司	東京［法曹親和会］	宇都宮健児（東京 —） 尾崎純理　（第二東京 全友会） 森川文人　（第二東京 憲法と人権）
14	村越 進	第一東京［全期会］	武内更一　（東京 憲法と人権）
16	中本和洋	大阪［一水会］	高山俊吉　（東京 憲法と人権）
18	菊地裕太郎	東京［法友会］	武内更一　（東京 憲法と人権）
20	荒《あら》 中《ただし》	仙台［—］	山岸良太　（第二東京 日比谷倶楽部） 川上明彦　（愛知県） 及川智志　（千葉県） 武内更一　（東京 憲法と人権）

（注）「憲法と人権」は、「憲法と人権の日弁連をめざす会」の略

会派は選挙の基盤

2年に一度の日弁連の会長選の当選要件は2つ。総得票数1位であることと、全国47都道府県に合計52ある単位弁護士会の3分の1、つまり18以上の単位会でも1位であること。頭数が多い東京、大阪の票だけでは当選できない。

立候補者は選挙の1年前から活動を開始、全国の弁護士会を行脚しアピールするわけだが、集票だけでなく選挙活動全般に大きな役割を果たすのがいわゆる派閥。弁護士の世界では「会派」という用語を使う。

次表は、東京3会、大阪、愛知の各弁護士会の派閥を一覧にしたものだ。東弁は最大派閥の法友会と2番手の法曹親和会の中に、会派内会派まである。

弁護士会別会派一覧

- 弁護士会
  - 会派
    - 会派内会派

- 東京弁護士会
  - 法友会
    - 1部　易水会
    - 2部　二六会
    - 3部　縦横会
    - 4部　緑新会
    - 5部　公正会
    - 6部　至誠会
    - 8部　春秋会
    - 10部 法曹緑会
    - 11部 達成会
    - 12部 法曹同志会
    - 法友全期会
  - 法曹親和会
    - 東京法曹会
    - 法曹大同会
    - 二一会
    - 親和全期会
  - 期成会
  - 水曜会
- 第一東京弁護士会
  - 全期会
  - 新緑会
  - 青風会
  - 第一倶楽部
- 第二東京弁護士会
  - 紫水会
  - 全友会
  - 五月会
  - 日比谷倶楽部
  - 向陽会
  - 新風会
  - 清友会
  - 日本法曹倶楽部
- 大阪弁護士会
  - 友新会
  - 春秋会
  - 一水会
  - 法曹公正会
  - 法友倶楽部
  - 五月会
  - 法曹同志会
- 愛知県弁護士会
  - 清流会
  - 烏合会
  - 公正倶楽部
  - 無名会
  - 法曹維新会

過去に日弁連会長を複数回輩出した経験があるのは、東弁の法友会内の法曹同志会、同じく東弁の法曹親和会、1弁の全期会、それに大阪の春秋会など。

東京・大阪間の「調整」が強化された90年以降、司法制度改革推進を標榜する主流派が推す候補者は見事に一本化され、それに「司法制度改革反対」「憲法9条死守」を掲げ、全国に一定割合の支持層を持つ高山俊吉氏（東弁）が挑んでは破れる時代が10年続いた。

事態が一変したのは2010年。多重債務問題で一躍知名度を上げた、反主流派で会派無所属の宇都宮健児氏が、主流派の推す山本剛嗣氏を破って当選した。

1回目の投票では山本氏が宇都宮氏を上回る得票数を得たが、単位会獲得数が10にとどまったのに対し、宇都宮氏は42。結果、当選者なしで再投票になった。再投票では得票数でも宇都宮氏が山本氏を上回り、単位会の獲得数を46に伸ばした。全国のクレサラ弁護団（消費者金融被害問題に取り組む全国規模の弁護団）に所属する弁護士が、地方の単位会の票を着実に集めたことが原動力となったのだ。

今回の選挙の伏線となっているのが12年の選挙だ。失地回復を狙う主流派は、東弁・法曹親和会の山岸憲司氏を擁立。2期目を狙って出馬した宇都宮氏と事実上の一騎打ちになった。

1回目の投票で、山岸氏は得票数では勝ったが、単位会獲得数が12にとどまり再投票へ。2回目も得票数では勝ち、単位会獲得数も2つ伸ばしたが18には届かず再選挙になった。

再選挙となると公聴会からやり直し。投票日は本来なら新執行部が稼働しているはずの4月27日にずれ込んだ。結果は山岸氏が単位会獲得数を19に伸ばし、3分の1をクリア、当選した。

このときの地方票獲得のカギとなったのが、今回当選した荒氏だ。日弁連事務総長のポストは東京、大阪の指定席だったが、当選の暁にはこのポストを荒氏に提供することを山岸陣営は約束し、仙台の取り込みに成功。その影響で計5つの単位会が山岸氏支持に流れた。

主流派を一本化できず

今回の立候補者は、仙台の荒氏、2弁の山岸良太氏、東弁の武内更一氏、千葉県弁護士会の及川智志氏、愛知県弁護士会の川上明彦氏の計5人だ。

及川氏は宇都宮氏の弟子。武内氏は高山氏が立ち上げた「憲法と人権の日弁連をめざす会」の会長。同会からの出馬は恒例化している。

いずれも反主流派だが、荒、川上の両氏は、日弁連内での経験が豊富な主流派である。

よくも悪くも個性の強い弁護士が多く、94年を最後に、四半世紀近く統一候補を出せなかった2弁が、今回ようやく統一候補を擁立できた。それが、森・濱田松本法律事務所の幹部である山岸氏だ。東京3会と大阪が一致団結して山岸氏を推せば、間違いなく当選したはずだが、意思統一を図れなかった。

原因は、山岸氏が、いわゆる5大事務所の幹部であること。弁護士の大幅増員に積極的に賛同し、その恩恵を受けた弁護士というイメージの悪さは、支援者の想定を超えていたようだ。

「憲法問題でも積極的に活動していたので、全国区で支持を得られると思っていた」と、山岸氏を支援した2弁の弁護士は話す。

地方会票が結果を左右

「2弁自体の集票力のなさも、東弁、1弁、大阪をまとめきれなかった原因」だと前出の大阪の弁護士は分析する。東京、大阪の主流派が候補の一本化に手間取り、決まった候補も力不足だったことが、地方から3人も手が挙がった要因だろう。

荒氏については8年前の恩返しで、東弁の法曹親和会と、1弁全期会の村越進・元日弁連会長が支持を表明。会長経験者の支持は追い風となる。会長選に勝てるだけの集票力もある。

しかし1弁全期会は、同じく元日弁連会長の梶谷剛氏が山岸氏を支持。1弁内どころか会派内の統一も図れなかった。

それでも1回目の投票では、山岸氏が得票数で荒氏を上回った。だが、単位会の獲得数は14。対する荒氏は28。再投票で山岸氏が、あと4つ単位会の獲得数を伸ばせば勝利するはずだった。

ところがふたを開けてみれば、再投票では荒氏が得票数で山岸氏を上回り、単位会獲得数も40に伸ばした一方、山岸氏は2つ減。こともあろうに東弁と1弁が山岸氏から荒氏に鞍替えした。1回目で中部6会の支持を得た川上氏の票のうち5票が荒氏に流れたことも大きく影響した。

山岸氏の一部支援者が、東京の団結を呼びかけたことが地方軽視と受け止められ、逆効果になったらしい。

荒氏の選挙参謀に、10年、12年に宇都宮氏の選挙参謀を務めた仙台の新里宏二氏が就いたことも、法曹界では驚きをもって受け止められている。

新里氏は、12年の選挙で地元仙台を荒氏に切り崩され、宇都宮氏は敗退を余儀なくされた。その因縁の相手の選挙参謀を引き受けた理由は何なのか。

「新里氏は『司法修習費用問題対策本部』の本部長として、司法修習生の給付金問題の解決に取り組んでいる。前会長はこの問題に消極的だったが、荒氏は賛同してくれたからでは」（仙台弁護士会所属の弁護士）

いずれにしても今回の選挙は地方会がキャスティングボートを握った。立候補者が5人出たことで勢力図のバランスが崩れ、それがたまたま地方会の発言力の向上のような結果になったのか。それとも、弁護士業界でも、都市ｖｓ・地方の構図がより鮮明になっていくのか。弁護士業界で何らかの地殻変動が起きているのかもしれない。

伊藤　歩（いとう・あゆみ）

1962生まれ。複数のノンバンク、外資系銀行、信用調査機関を経て現職。法律と会計の分野で記事多数。著書に『弁護士業界大研究』『ＴＯＢ阻止　完全対策マニュアル』など。

5大法律事務所　頂上決戦

上場企業を中心に大企業が必要とするリーガルサービスを提供するのが大手法律事務所だ。中でも、所属弁護士数が400人を超えるトップ5は、「5大事務所（5大ローファーム）」と呼ばれている。M&A（合併・買収）からファイナンス、訴訟対応まで、企業ニーズにワンストップで応える点で、実は5大事務所に大きな違いはない。

■「5大事務所」は400人以上の弁護士を抱える

1位	西村あさひ法律事務所	588
2位	アンダーソン・毛利・友常法律事務所	489
3位	長島・大野・常松法律事務所	477
4位	森・濱田松本法律事務所	458
4位	TMI総合法律事務所	458
6位	ベリーベスト法律事務所	226
7位	シティユーワ法律事務所	157
8位	渥美坂井法律事務所 外国法共同事業	152
9位	大江橋法律事務所	146
10位	アディーレ法律事務所	142

(注)所属弁護士数。2020年6月時点で、弁護士が100人以上の事務所を掲載

だが、弁護士も人。5つの事務所にはそれぞれ強い個性がある。弁護士数の順位とともに各事務所の持ち味を見ていく。

弁護士数で頂点に立つのが、西村あさひ法律事務所だ。企業の危機管理の草分けで、不祥事対応からアクティビスト（物言う株主）対策まで、幅広い危機管理に精通する。

2020年1月、物言う株主・村上世彰氏のファンドが東芝機械（現・芝浦機械）に株式公開買い付けを始めたとき、東芝機械側で防衛に入ったのが同事務所の太田洋弁護士だった。

その太田氏に「西村あさひの持ち味は何か」と聞くと、こう返ってきた。「酒に例えていえば、うちはビールだ」。その心は、何でも最初にやろうとするフロンティア精神と、前例がない難しい案件にも果敢にチャレンジしていく精神だそうだ。

危機管理もアクティビスト対策も、国内の法律事務所の中では西村あさひが開拓した分野だ。

同事務所が担った案件で近年最も「ビールらしさ」が出たのが、2018年の武田薬品工業によるアイルランド・シャイアー買収だった。買収価格は約6兆2000億円。額の巨大さもさることながら、注目されたのは買収スキームだ。

若手ながら本件に関わった野澤大和弁護士は、「すべて現金で払うと武田の有利子負債が増え、格付けが低下する懸念があった」と述懐する。「全部現金でやるのか、それとも株式でやるのか。あるいは現金と株式のミックスでやるのか。最適解を求め検討を重ねた」という。

国境をまたぐクロスボーダーのM＆Aでは、株式を対価にしたものは決して珍しくない。一方、キャッシュリッチな日本企業のM＆Aでは現金払いが主流だ。武田薬品のケースでは、現金と株式をミックスさせるという珍しく、また難易度の高い方法が採られた。

株であれば価格が変動する。いかにして変動の影響を最小限に抑えながら買収を完結させるかが最大の課題だった。

日本企業で前代未聞の巨額買収を、成功裡に完結させるという西村あさひのミッションは完結。ビールスピリットの真骨頂だった。

今回、本誌の取材は実現しなかったが、弁護士数で業界2位のアンダーソン・毛利・

友常法律事務所も日本における国際法律事務所の草分けだ。

1950年代初頭から国際法律業務をこなしてきたアンダーソン・毛利法律事務所に、クロスボーダー案件に強い友常木村法律事務所と国際倒産・事業再生分野に強かったビンガム・坂井・三村・相澤法律事務所が合併して誕生した。

現在でもクロスボーダー案件は同事務所の十八番である。

「公家」と呼ばれる理由

西村あさひがビールなら、業界3位の長島・大野・常松法律事務所はさしずめ「ワイン」だ。ガツガツせず優雅な雰囲気を漂わせる。

同事務所の杉本文秀弁護士は「確かに弊事務所の弁護士は、一人ひとり野武士のような面構えをしているわけではない。だから公家集団なんて言われてしまうのだが、チームワークと協調性を大切にしながら質の高いリーガルサービスを提供しようと努めてきただけ」だと、淡々と語る。

唯我独尊になりがちな弁護士を、同事務所はどうやってチームワーク重視、協調性重視の弁護士へと教育していくのか。カギを握るのが「同室パートナー」制度だ。

1年生弁護士は全員、若手パートナー弁護士と同じ部屋に配置され、ここで弁護士業務の基本を習得し、長島・大野・常松の中でやっていく心構えを学ぶ。このスタイルを何十年と続けてきた。

「弁護士の世界はどうしても『俺が、俺が』になる。自分のところに来たお客さんは自分のものだと。こうした弁護士特有の世界から脱却し、もう一歩進んだ組織をつくろうというのが弊事務所の芯にある考え方」（杉本氏）

同事務所では50人以上で動く大型案件が珍しくない。データ改ざん問題に揺れた神戸製鋼所の調査には総勢100人で取りかかった。

実は、武田薬品によるシャイアー買収案件で、シャイアー側の実務を担ったのは同事務所だった。

株式を対価にした買収スキームは、シャイアー株主にとっては保有株式が武田の株式に替わることを意味する。株の引き渡しが日本法や現地法に抵触しないか、合法的な形で株が配られているか、裏方でコーディネートしたのだ。

担当した藤原総一郎弁護士は「複数の国の法律が関係していたため、仕組みを綿密に作らなければならなかった。前例がなく、とても苦労した」と振り返る。

変わらぬ情熱体質

ビールともワインともいいがたい事務所がある。

「大きな訴訟案件では皆で集まって議論を交わす。どこの事務所も同じことをやっているだろうが、うちが違うのは、若手もベテランも互いにまったく妥協せず、徹底的に議論を尽くすところだ。若手が上の世代の弁護士に対して遠慮してものを言えないような雰囲気があってはならず、全員がフラットに意見やアイデアを出せる環境をつくってきた。もちろん、リサーチが甘かったり資料の読み込みや分析が浅かったりする弁護士の意見は相手にもされない。若いからという言い訳も通用しない」

そう熱く語るのは、森・濱田松本法律事務所の棚橋元弁護士だ。

一昔前まで、事務所旅行のときには皆で肩を組んで歌を歌っていたという同事務所。さすがに今その慣習はなくなったが、強い相手に、皆でスクラムを組んで立ち向かっていく情熱体質は変わっていない。いわば「日本酒」である

ただ、体育会系事務所と呼ばれることにはいささか抵抗もあるようだ。「徹底的に議論を交わすのは、シビアな環境下で、つねに最高の戦略を立てるため」だと、棚橋氏は言う。松村祐士弁護士も「体育会系といっても、若手がベテランに意見することは許されないといった文化はまったくない。苦しい状況下でも明るく朗らかに、皆で頑張って乗り越えていこうという意味での体育会系だ」と、明快に語る。

手がけるM&Aの案件数は西村あさひにも引けを取らない。

2020年、日本ペイントホールディングスがシンガポール塗料大手のウットラムグループの子会社になった。約1兆3000億円という取得総額の大きさも注目を集めたが、このスキーム作りに日本ペイント側で関わったのが松村氏をはじめとする同事務所だった。

こうしたクロスボーダー案件もさることながら、同事務所は目下、政府が旗を振る

国内中小企業の再編、事業承継、M&Aニーズもビジネスチャンスとにらむ。

「地方にはそれなりに大きな規模の会社がある。再編の機運が高まっている今、一定のリーガル需要が生まれるとみている」（棚橋氏）

冷徹な判断が求められるクロスボーダーから情に左右される事業承継まで、冷酒と熱かん、どちらでもうまみを出すに違いない。

独特の「TMI酒」

以上、4つの法律事務所はこの数十年、自分たちの弱いところを補完、補強するようにほかの事務所と統合・合併を繰り返し、あらゆるリーガルサービスに対応できる総合法律事務所となった。

そんな中、90年の開設以来、一度も統合・合併をせずにきたのがTMI総合法律事務所だ。

法律事務所の世界で大手は長らく「4大事務所」と呼ばれ、そこにTMIは含まれていなかった。

「うちは海外を意識している。国内順位なんて、まったく気にしていない」と言いつつ4大事務所に追いつけ、追い越せの精神でやってきたのがTMIであり、その代表の田中克郎弁護士だ。

4大事務所が統合によって現在の形になる過程で、必ずといっていいほど「あっちの事務所には行きたくない」という反対派が生まれ、自らの行き場を探した。そうした人物を積極的に採用したのがTMIだ。

また、実力がありながらも問題行動が目立ち懲戒処分を受けた弁護士や、奇人変人と揶揄され組織人になりきれないような弁護士も、田中氏は重宝してきた。

それゆえ業界では「TMIは誰でも入れてしまう」と言われることもあるが、これに田中氏は反論する。「多くの個性派を入れてきたが、『うちに来てください』と頭を下げたことは一度もない。みんな『TMIで働きたい』と言ってやってくる。入った弁護士のほとんどは辞めず、よい仕事をしている。懲戒処分を受けていた弁護士も、うちに入ってからは何も問題行動を起こしていない」。

なぜなら、しつけるからだ。

「弁護士になる人間は、たいていは子どもの頃から学業優秀で、誰からも怒られずに大人になっている。そういう弁護士を私はがんがん叱る。すれ違ってもあいさつしないような人物には『おまえは自分を何様だと思っているんだ?』と問い詰める。朝は『おはようございます』、帰りは『お先に失礼します』。これが人間の基本だ」(同)

ビールもワインも日本酒も、何でものみ込み、組織内部で「TMI酒」へと発酵、熟成させている。

もともと、遠山友寛弁護士を中心にして、スポーツやエンターテインメント分野に強い。フィンテックや最近は宇宙など、新領域に率先して参入してきたのもTMIの特徴だ。

TMIの積極路線は止まらない。5大事務所に地殻変動が起きるとき、震源地はTMIになるかもしれない。

(野中大樹)

仕事とお金のリアル

日本の弁護士数は約4万2000人、法律事務所は約1万7000ある。その中でいちばん華やかな存在といえるのが5大事務所だ。上場企業を中心とする大企業に、M&A案件やファイナンス、株主総会関連など、総合的なリーガルサービスを提供する。

所属弁護士の年収は1年目から1000万円を超え、この数年の新卒採用での提示額は1200万円を超える。経営に責任を負うパートナーになれば、年収は5000万円を突破する。

5大事務所や大企業を顧客にする一部の有力事務所では、採用の際に、「予備試験組」を優遇する。ロースクールを修了しない段階で、予備試験経由で司法試験に合格すれば、それだけで優秀な証しだ。5大事務所ではインターンで東大、慶大、早大などのロースクールの優秀な学生を囲い込み内定を出す。

働き方はハードだ。アソシエイトと呼ばれる見習い期間中は、上司であるパートナーの指示に従って、書類の精査や顧客への資料の下準備、判例のチェックなど、膨大な作業をこなす。普段でも帰宅は終電かその間際。タクシーで帰宅することも珍しくない。パートナーに昇格すれば、事務作業はアソシエイトに任せればよいが、それまではとにかく猛烈に働かされる。

所内での競争は当然激しい。5大事務所のうち、この10年で急成長したTMI総合を除く、西村あさひ、アンダーソン・毛利・友常、長島・大野・常松、森・濱田松本の4大事務所で、パートナーに昇格するのは10年目前後。数十人の同期のうち、せいぜい1～2割だ。その間に、同期は半分以下に減っている。

同期トップに後れを取り、パートナーに昇格しないことが判明した時点で、多くの者は退職し、より規模が小さい事務所に移ったり開業したりする（最近はパートナーになれなくても、カウンセルという名称で在籍するケースも出てきた）。

5大事務所や一部の有力事務所で一握りの有力パートナーになれば、年収は1億円を超す。この有力パートナーとは、大企業から名指しで依頼される弁護士のこと。パートナーは歩合制で、事務所に高収入をもたらすのが腕のよい証拠なのだ。

キャリア　有力事務所は高収入だが生き残り競争も激しい

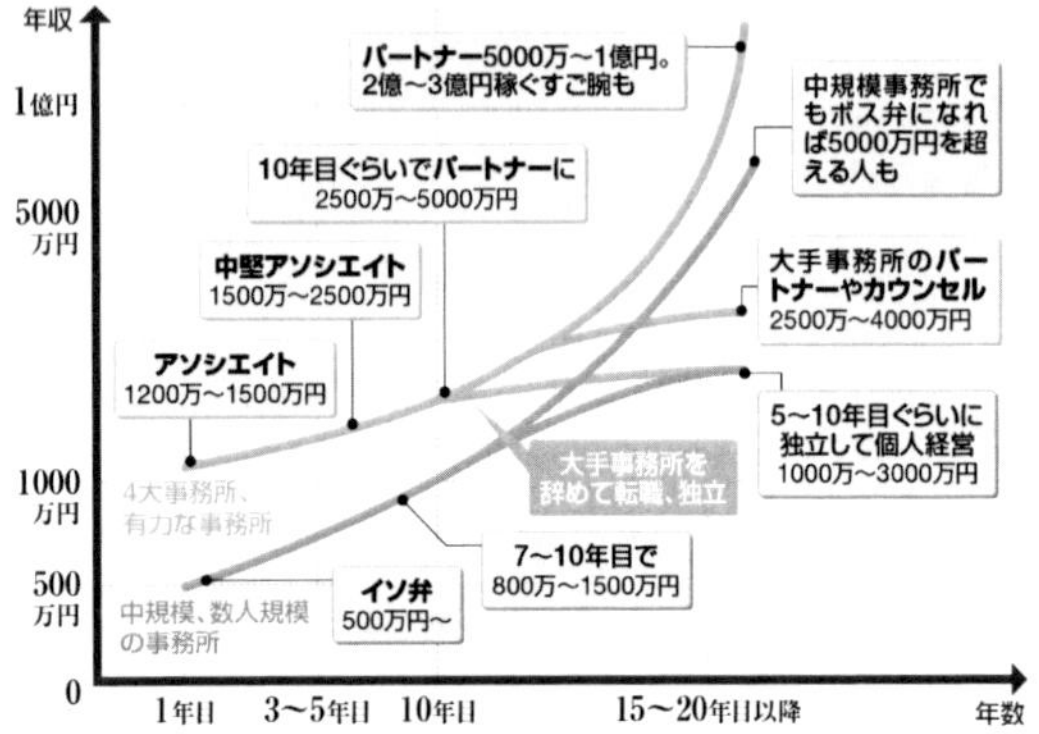

規模　弁護士の6割は5人以下の事務所に所属

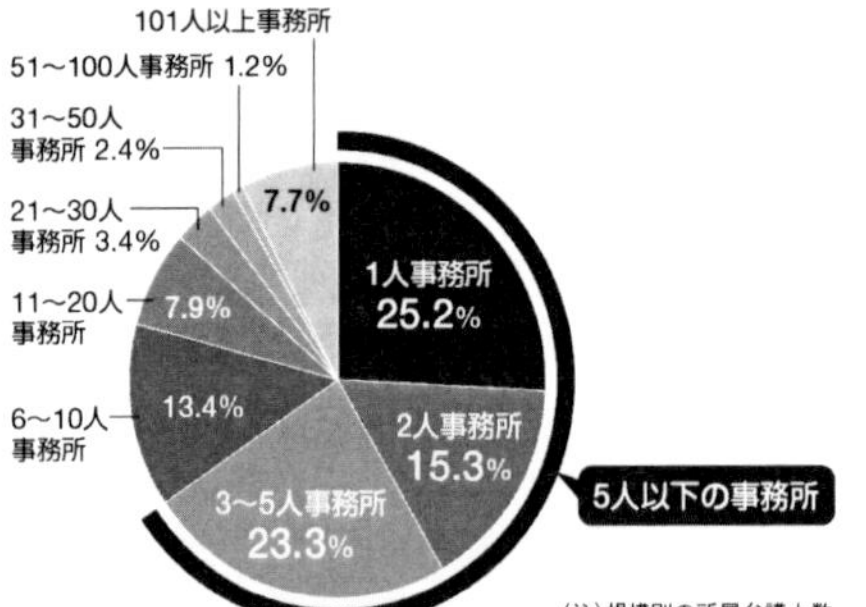

（注）規模別の所属弁護士数
（出所）『弁護士白書』2019年版

多くはマチ弁になる

若いときから超高給である有力事務所は、全体から見れば少数派。弁護士の6割は弁護士数が5人以下の事務所に属している。

傾向としては、1人事務所は減りつつあり、100人以上の事務所が増えている。1人事務所に所属する弁護士は2007年には全体の35%だったが、19年には25%。同じく100人以上の事務所は07年に4・5%だったが、19年には7・7%になっている。

5人以下、あるいは十数人までの事務所に所属する弁護士の多くはいわゆるマチ弁だ。街の法律事務所として、中小企業の顧問をしたり個人からの相談に乗ったりする。いわゆる人権派の弁護士もここに入る。

マチ弁にとって、安定した顧問契約先をどう確保するかが事務所経営にとって重要だ。例えば1人事務所で、1カ月5万～10万円の顧問契約が10社あれば経営は安定する。顧問先でも事案が複雑な場合には追加の料金を請求できる。

こうした事務所に新人で入った場合、年収は500万〜600万円からスタートする。イソ弁（居候弁護士）として活動し、7年目くらいには800万〜1000万円にはなっている。

最近は独立が早くなり、3〜5年で独立するケースが増えてきた。かつてはイソ弁を10年前後経験すると、そのまま事務所に残り運営に携わっていくか、独立して自分の事務所を構えるかのどちらかを選ぶことが多かった。

小さかった顧問先企業がその後、業績を拡大し、連動して法律事務所も波に乗れたというのは、企業法務の分野で幸せなストーリー。企業を相手にした法律事務所の場合、顧問先が成長するかも大事なポイントになってくる。

最近では得意分野で一旗揚げようと、独立する若手も増えてきた。ネットやSNSでのトラブル処理や個人情報保護、マンション管理、ベンチャーへの法的サポートなどで特色を打ち出している。

所得　経験20年で所得の平均値は1300万円

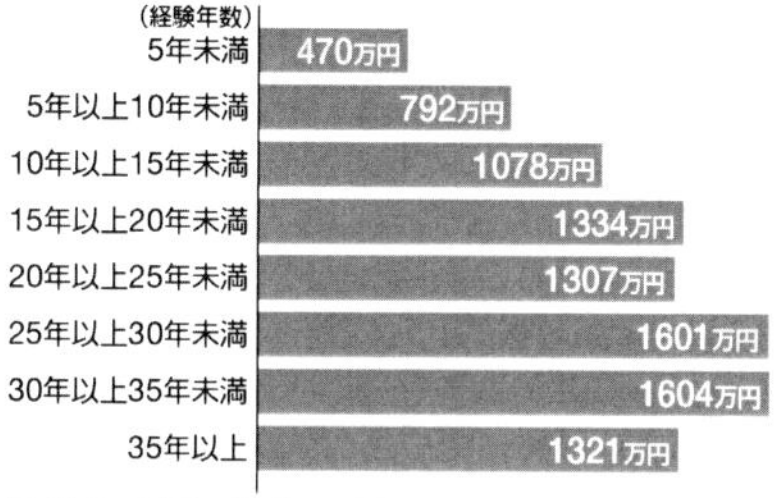

(注)収入から経費を差し引いた所得の平均値。アンケートに回答した約2400人が対象　(出所)『弁護士白書』2018年版

すみ分け　法律事務所の方向性と報酬(弁護士収入)との関係

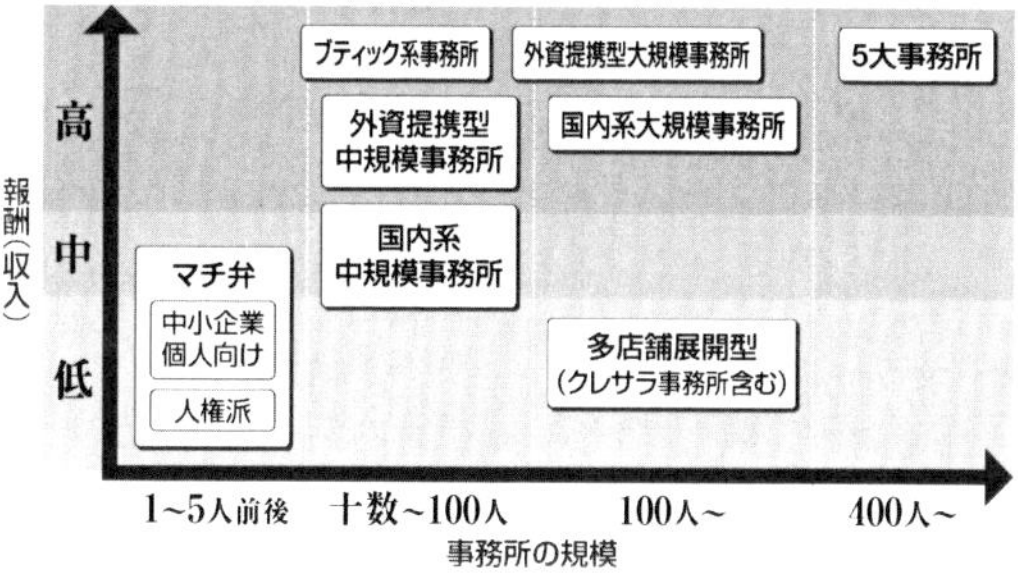

増える社内弁護士

企業や官庁・自治体で弁護士が増えている。

企業内弁護士（社内弁護士）は2009年には354人だったが、19年には2418人になっている。任期付き公務員は09年の81人から、19年には238人になった。

大手企業ではコンプライアンス重視や紛争防止のため、社内弁護士を活用しようとする動きが広がっている。日本組織内弁護士協会のまとめでは、社内弁護士が最も多いのがヤフーの34人、次いで野村証券の25人、三井住友銀行の24人、三菱商事の24人となっている。

働く側にとっては、経営が安定し福利厚生が充実している大企業は魅力的だ。勤務時間が比較的はっきりしており、ワーク・ライフ・バランスを重視する弁護士にとっては働きやすい。年収は若手だと750万～1200万円、管理職で1500万～2000万円といったところだ。

（長谷川　隆）

大手から独立した狙いとは

独自路線の新事務所が続々

弁護士・関田真也

企業法務を手がける弁護士の間で、大手法律事務所を離れ、新事務所を設立する動きが最近目立つ。従来の事務所とは違った運営や、業務の切り口に独自性があることが特徴だ。

三浦法律事務所（東京・大手町）は、森・濱田松本法律事務所のパートナーだった三浦亮太弁護士が2019年1月に設立した。設立当初から30人の弁護士が集まり、業界内で大きな話題になった。20年10月の時点で49人まで増える急成長だ。

三浦氏はコーポレートガバナンスやM&Aが専門。ほかのパートナーも経験や国籍など多様性があり、企業で起きる法律的な問題には、あらゆる分野で対応可能だ。

三浦氏は「企業のお客様に、われわれを選択肢として考えてもらうためには、5大事務所のサービスと同じことを、同じクオリティーで提供できなければならない」と話す。その一方で、「既存の事務所のコピーになるつもりはない」と明快だ。

特徴は、組織づくりに対する考え方。パートナーだけでなく、新人のアソシエイトも含めて、決めるべきことは所属弁護士の「全員で議論する」ことを徹底しているという。マイクロソフトの会議システム「チームス」にはつねに複数のスレッドが立っていて、議論が同時並行で展開されている。

三浦氏は「議論が簡単に決着しないこともあるし、効率性とバーターになることは理解しているが、弁護士からスタッフまで全員に、この事務所が自分の居場所だと思ってもらう必要がある」と話す。弁護士が年次に関係なく自ら意見を出し、当事者として組織づくりに参加できるフラットさは、50人近い事務所では前例がないといえるだろう。

2019年11月には、IT企業が多く集まる渋谷にもオフィスを置いた。ベンチャーのみならず大企業のイノベーションも含めた支援を行う。渋谷オフィスの立ち上げを担った尾西祥平弁護士は弁護士8年目。企業法務を取り扱う法律事務所で、若手のパートナーが中心となってこうしたチャレンジをすることは珍しい。

大手事務所は弁護士が400人以上、事務局を含めると1000人もの人員を抱える大所帯で、若手弁護士にとって組織はつくるものではなく最初からあるもの。個人の挑戦より現状の業務の効率性が優先される側面があることは否定しがたい。また、アソシエイトとして入所してからパートナーとして地位を確立するまでには、海外への留学を経て10年以上かかることが当然という世界だ。

尾西氏は「弁護士の世界は型が重んじられることが多いし、自ら型にはまって安心する人も少なくない。渋谷オフィスのような挑戦は決して特別なことではなく、若手の提案に合理性と熱意があれば、事務所を挙げて支援する」と話す。

大手と同じクオリティーを提供するにとどまらず、新しいことに挑戦する気風を大事にしながら、5大事務所を追いかける。

ＩＴとの親和性を武器に

小笠原匡隆弁護士と角田望弁護士が立ち上げた法律事務所ＺｅＬｏ・外国法共同事業（東京・日比谷）も、森・濱田松本法律事務所からの独立組だ。在籍する弁護士は20人（外国弁護士2名を含む）。同じオフィスに、契約書レビュー支援サービスを提供する株式会社ＬｅｇａｌＦｏｒｃｅ（リーガルフォース）を擁していることが特徴で、法律事務所で培った知見を開発にも生かす。

大企業が顧客のＭ＆Ａ業務や危機管理対応と異なり、ベンチャー法務は弁護士が労働集約的に行うと採算性が上がらないことが課題だった。顧客に金融、医療、モビリティなど、最先端の分野でサービスを展開するベンチャー企業が多いＺｅＬｏでは、パラリーガルも含めたチームがリーガルテックを使いこなし、定型的な契約書レビューなどでは弁護士の負担を軽減。コスト削減とスピード向上で顧客に還元している。

小笠原氏は「法的サービスを組織とテックで〝仕組み化〟することで採算を確保できる。そのため従前のやり方では赤字になってしまうようなスタートアップ企業の案件も扱える」と話す。

ＺｅＬｏの顧問契約では、月額３０万円以上のプランで週に１日、弁護士が顧問先に常駐するサービスを用意した。ＩＴの分野では既存の法律で解釈が分かれていたり、そもそも法律が未整備であったりすることが少なくない。日常的に弁護士のアドバイスを受けられると、ベンチャーに好評だという。社内でヒアリングしながら中長期的ニーズも吸い上げ、課題の発見から伴走して意思決定まで支援する。

小笠原氏は、「単純作業はテクノロジーや弁護士以外のメンバーの力を借りて切り分ける。所属弁護士に関しては、プロジェクトやチームのマネジメント能力や人間力を重視している」と語る。

知財・特許に強い

「訴訟に強い事務所」を標榜し19年8月に設立されたのが三村小松山縣法律事務所（東京・丸の内。２０年4月にマーベリック法律事務所と統合し三村小松法律事務所から名称変更）。

知財高裁判事など、30年以上の裁判官実務経験がある三村量一弁護士と、長島・大野・常松法律事務所で訴訟チームにいた小松隼也弁護士が立ち上げた。東大先端科学技術研究センターの玉井克哉教授（特許法）も参画し、知財・特許紛争にはアカデミズムの知見も生かす。

事務所の問題意識は「訴訟から逆算した証拠作りと交渉戦略」だ。三村氏は「大手事務所では縦割りの構造のため、顧客と日頃やり取りするのはほぼコーポレート部門に限られている。訴訟チームが契約段階から関わることはほとんどない」と話す。また、他事務所が作成した契約書がトラブルのもととなって訴訟に発展したケースも多数受任してきた。「訴訟チームが関与していれば、こういう証拠は作らないと感じることも多かった。大企業の法務部も、契約には慣れているが、証拠をマネジメントすることには課題を感じている」（小松氏）という。

大規模組織を飛び出し自由になった現在は、訴訟の見通しを基に逆算して契約交渉段階から助言する。契約書には書けない証拠をメールや社内文書でどう残すのかや、依頼者に不利な論点から相手の目をそらすための交渉方法などを具体的に指南。訴訟になれば三村氏の裁判官としての経験から、依頼者の望む落としどころを踏まえたオーダーメイドの戦略で臨む。

英文契約で頻出する「契約書に記載されたことが当事者間の合意のすべて」と規定する完全合意条項が、日本では少ない。契約書を作らずに口約束で取引を進める慣習も影響し、「日本の裁判は世界でも特殊で、契約書だけでなく、契約に至った経緯が重視される」(三村氏)。

だからこそ、訴訟に精通した弁護士が交渉段階から伴走する事務所は、日本をフィールドとする企業にとっては頼れる存在となりうるだろう。

関田真也(せきた・しんや)
1984年生まれ。慶大法卒、一橋大法科大学院修了。東洋経済オンライン編集部にて記者・編集者として従事。2018年弁護士登録。法律事務所アルシエンで不動産分野を中心に扱う。

転落弁護士の軌跡

ジャーナリスト・高橋篤史

2020年4月、第二東京弁護士会は会員に対する退会命令の懲戒処分を公表した。村越仁一弁護士（42期、67歳）。登録31年目のベテランだ。訴訟提起の意思がないにもかかわらず依頼者から着手金250万円をだまし取ったというのが理由である。退会命令は除名（資格を3年間剥奪）に次ぐ重い処分で、弁護士業務再開の道は事実上閉ざされている。

実は、過払い金返還請求バブルの裏側で、村越氏の動向はここ数年ひそかに注目されていた。そして、20年6月に破産した「東京ミネルヴァ法律事務所」との接点も一部でささやかれる人物だ。

同事務所が放り出した負債50億円超の大半は依頼者からの預かり金。法曹界で前代未聞の不祥事だが、背後では消費者金融大手、武富士のOB人脈がうごめいていた。2012年以降、6回もの懲戒処分を受けた村越氏はそんな怪しげなネットワークにとって便利な駒だった可能性がある。

千葉県内にある自宅の登記簿を見ると、村越氏が転落した軌跡をうかがい知ることができる。差し押さえ登記がなされたのは2006年のこと。債権者は東京都千代田都税事務所。要は税金の滞納だ。

何度かの挑戦を経て37歳でやっと弁護士になった村越氏は7年目の1996年ごろ、都内で「平河町総合法律事務所」を開いた。その頃のクライアントの1つが武富士だったとみられる。ただ、事務所経営はその後、傾いたのだろう。開業10年後には都税も払えなくなっていたわけである。10年には自宅の競売開始もいったん決まっているから、火の車だったはずだ。

そんな状況にもかかわらず11年、村越氏は東京駅近くで新たに「JMK総合法律事務所」を開業し法人化までしている。このとき、事務局長の座にあったのは武富士の元社員。2年前まで「つくし法律事務所」という別の事務所にいた人物だ。実のところ、1年目の新人弁護士が開業したつくし法律事務所を事実上差配していたのは、元営業本部長ら別の武富士ＯＢ複数人だった。彼らは過払い金案件の集客を狙い、さらに別の武富士ＯＢが経営する広告会社「ＤＳＣ」と多額の取引を行わせ、揚げ句、同事務所は破綻した。

懲りずに何度も処分

前述の新人弁護士と同じ目に遭っているわけではないが、村越氏の事務所運営は極めてずさんだった。最初の懲戒処分は１２年。訴訟費用を受け取りながら事件を放置、依頼者に虚偽報告までしていたのだ。１０カ月に及ぶ業務停止の後、村越氏はまたも新たな事務所を開く。今度の名称は「玄総合法律事務所」。ところが１５年、立て続けに2回も業務停止処分を受けてしまう。接見禁止の被告から偽証を約束する手紙を託され、暴力団組員に渡していたのである。

その頃、村越氏をめぐり、ある消費者金融大手で不可解な出来事があった。ある日、同社は都内の新興の法律事務所から一度に75件もの弁護士介入通知（弁護士の受任を知らせる通知）を受けた。債務者はなぜか全員が福井県在住。それだけでも不自然だが、社内で調べたところ7件は取引実績がなかった。さらに不可解なことに、75件のうち12件はすでに別のところから介入通知を受けていたのだ。それこそが村越氏だった。多重債務者リストが出回っており、それを別々の何者かが入手し、息がかかった弁護士に手当たり次第に過払い金請求を行わせているのではないか――。消費者金融大手は疑ったが、真相はやぶの中だ。

連続2回の処分後、村越氏はまたまた新事務所を開く。場所はJR神田駅近く。最初は「リーガルライト法律事務所」と名乗り、16年には「モントローズ法律事務所」という法人の経営を引き継いだ。ビルの同一フロアには「Lawyer's Agent」なる広告会社が登記されていた。代表取締役の千葉巌氏は武富士の元横浜支社長。前述したつくし法律事務所を食い物にした武富士OBネットワークに連なる人物だ。村越氏は16年、Lawyer's 社の取締役に就任。一方、「千葉氏はモントローズの名刺を持ち歩いていた」と関係者は話す。過払い金の鉱脈を執拗に掘り続ける両者はまさに一体だった。

しかし17年暮れ、村越氏は放り出される。Lawyer's Agent 社だけが新橋のビルに移転してしまったのである。18年3月に、村越氏は4回目となる業務停止3カ月の処分を受けることとなるが、移転はそれを見越してのものだったようだ。移転先のビルに入っていた次なるパートナーこそが東京ミネルヴァ法律事務所で、もともとは前述したDSCの大口取引先だった。

その後、用済みとなった村越氏は「GOOD法律事務所」や「浜松町法律事務所」など次々と屋号や住所を変え、業務を続けた。その間、18年12月にも5回目となる業務停止処分を受けている。そして最後は退会処分だ。他方、Lawyer's Agent 社の千葉氏が死亡した19年11月あたりから東京ミネルヴァにも変調が現れた。

「受け取れるはずの過払い金が来ない。どうなっているのか」

そんな依頼者の問い合わせが、なぜか貸金業者に相次いで入り始めたのだ。どうやら東京ミネルヴァとの連絡が取れないらしかった。そしてついには破産に至った。

過払い金バブルの暗部

過払い金バブルの裏側では広告会社などを隠れみのとする無法者による非弁行為や非弁提携が一部で跋扈（ばっこ）してきた。最近は相続や交通事故などに集客先を広げつつある。その際、名義貸しなどでいいように使われるのは金に困った「食えない弁護士」。中でも目立つのが懲戒処分歴があるような問題弁護士だ。東京ミネルヴァ破産と広告会社との関係については捜査当局などによる今後の真相解明に委ねるしかないが、村越氏の軌跡はまさしく典型例に見える。

■毎年、数人の弁護士が除名に —2015年以降の除名処分—

処分時期	弁護士名・修習期（弁護士会）	備考
2015年3月	梁 英哲 53期（大阪）	14年5月の逮捕（業務上横領）時に40歳
5月	比嘉正憲 24期（沖縄）	除名時に85歳、15年7月に業務上横領で逮捕
7月	本田洋司 24期（第二東京）	13年10月の逮捕（詐欺）時に80歳、元日弁連常務理事
2016年4月	伊関正孝 39期（東京）	預かり金や過払い返還金を流用、除名時に60歳
4月	白井裕之 46期（大阪）	15年10月の逮捕（有印公文書偽造・行使）時に59歳
7月	久保田 昇 35期（大阪）	15年6月の逮捕（業務上横領）時に62歳
10月	中田康一 41期（第二東京）	出資金や借金の未返済、除名時に56歳
2017年2月	東 由明 28期（埼玉）	借金の未返済や事件放置など、除名時に75歳
7月	菅谷公彦 49期（東京）	除名時に51歳、18年4月に業務上横領で逮捕
2018年1月	永野貫太郎 22期（第二東京）	16年11月の逮捕（業務上横領）時に74歳
3月	佐々木 寛 59期（東京）	事件放置や会費滞納など、除名時に68歳
10月	田原一成 62期（東京）	裁判所文書の偽造など、除名時に39歳
2020年1月	柳田潤一 44期（愛知）	預かり金着服、除名時に56歳
3月	鈴木敬一 37期（大阪）	19年11月の逮捕（業務上横領）時に68歳
8月	園田小次郎 49期（第二東京）	非弁提携、除名時に76歳

弁護士が転落するきっかけは圧倒的に金銭問題が多い。ここ5年の除名処分を見ても、理由は金がらみが大半だ。借金の未返済や会費滞納はまだましなほうで、預かり金の使い込みは驚くほど多い。そして少なくないケースが刑事事件に発展している。そうしたことから除名や退会処分を受ける弁護士は、事務所経営で多額の金銭を扱うベテランが多い傾向にある。

引退していてもいいような70代以上の高齢弁護士も少なくないのはもはや哀れである。弁護士は法律のプロであっても経営のプロではない。非弁業者が付け入る隙もおそらくはそこにありそうだ。

高橋篤史（たかはし・あつし）
ジャーナリスト。1968年生まれ。日刊工業新聞社、東洋経済新報社を経て2009年からフリーランス。著書に『創価学会秘史』『凋落　木村剛と大島健伸』など。

迷走続きの司法試験改革

長らく文系資格試験の最高峰だった司法試験が、いま大きな岐路に立たされている。2000年代初頭には、受験者数4万人超に対して、合格者数は約1500人。合格率約3％と、名実ともに超難関だった。だが、直近の19年では、受験者数約4500人に対し、合格者は同じく約1500人。今や3人に1人が合格する試験へと変貌を遂げている。

受験者数の減少、つまり弁護士人気が低迷した要因の1つが、リーマンショック後の若手を中心とした「食えない弁護士」の続出だ。過払い金返還訴訟のバブルが終焉を迎える中で不況が直撃し、新人弁護士の就職難が社会問題化した。こうした職業イメージの悪化に加え、この間に制度改革によって、実際に弁護士になるまでにかかる費用と時間の負担が増したことも、志願者離れへとつながっている。

2000年代に入り、政府は弁護士の需要が量的に増大、質的に多様化・高度化するとの見通しを示した。これに対応するためには司法試験の合格者を年3000人にする必要があり、新設する法科大学院（ロースクール）がその養成を担うとの方針を打ち出した。

実務家から注文が相次ぐ

2004年にロースクールが開校し、06年からはその修了を条件とする新司法試験が始まった。弁護士志望者は大卒後、原則3年間（既修者コースは2年）、ロースクールに通うことが必要になった。修了後5年間、受験資格が与えられる。

少人数クラスで手厚い指導を行うとするロースクールの学費（初年度納入金）は、国立大で年間約100万円、私大では約150万〜200万円と高額だ。それでも開設初年度に7万人超の志願者を集めたのは、ひとえに、法学未修者が中心であってもロースクールを修了すれば7～8割が合格する試験になるとされたためだ。

だが現実には合格率は2割程度にとどまり、とりわけ拡大が期待された法学未修者や社会人経験者の合格率はさらに低迷。しばらく年間2000人超の合格者数が続いたが、ロースクールの入学者数減は止まらなかった。

合格しやすくなった司法試験

—司法試験受験者数および合格者数—

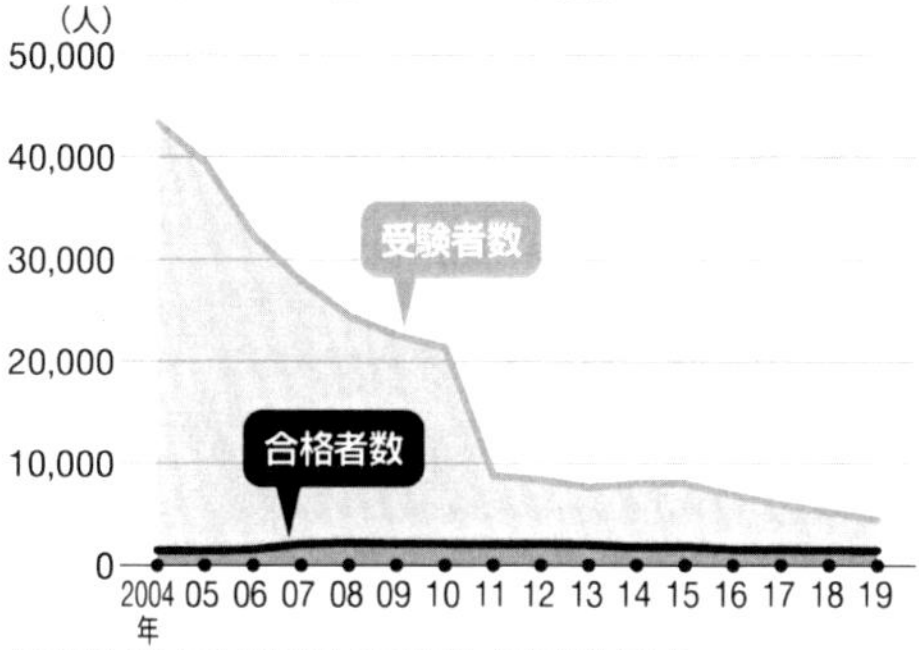

(注)2011年までは旧試験の受験者、合格者数を含む

(出所)法務省・文部科学省「法曹養成制度改革連絡協議会」

激減するロースクール入学者数

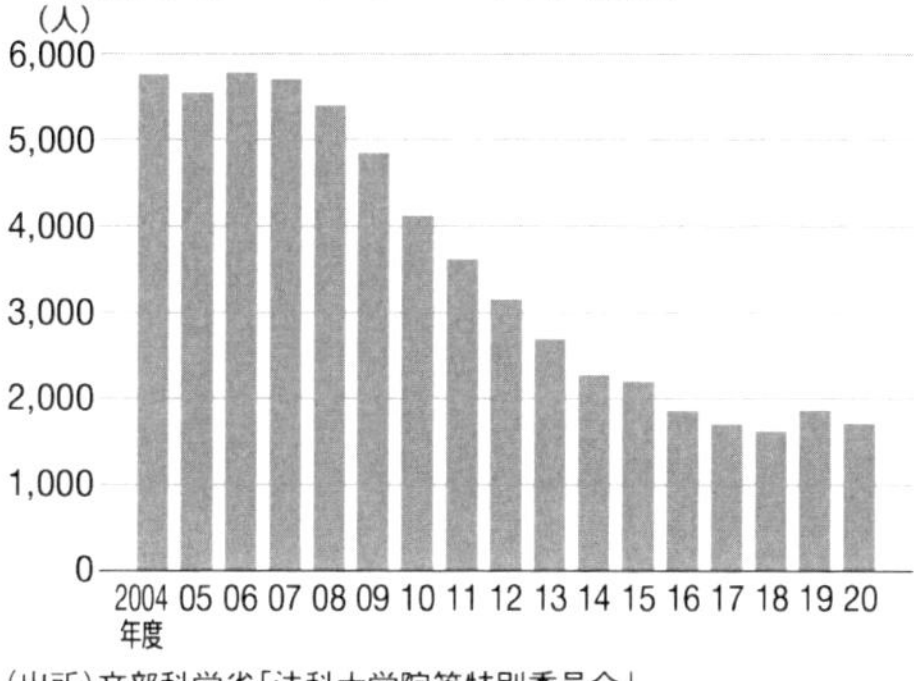

(出所)文部科学省「法科大学院等特別委員会」

入学者激減の背景にあるのは、実務の現場とロースクール教育のミスマッチだ。「英語や外国法の教育も結構だが、民法など基本法の判例や条文などの基礎知識がとにかく不足している。事案を見ても、どの条文のどの論点の話なのかがわからない。これでは仕事にならない」。九州の若手弁護士はそう苦言を呈する。

都内の中堅弁護士も、「1500人の合格者のうち1000番台だと、法律も知らないし法解釈もできない若手がザラにいる。ドラマとは異なり、実際の弁護士の仕事は法律上の論点を抽出して文献を調べ立論する地道な作業続きだが、それに耐えられない」と語る。

複数の司法試験予備校で指導する加藤喬氏は「とくに法学未修者コースの学生には、ロースクール修了後でも予備校の入門講座レベルの基礎すら身に付いていない人が少なくない」と話す。

そうしたミスマッチが起きるのは、ロースクールは司法試験対策と受け取られるようなことは行えないという事情ゆえだ。実際、事案から論点を抽出して論証を展開する答案練習は、起案教育として司法研修所でも行われる法曹養成に欠かせない手法だが、これが試験対策的だとして、従来ロースクールの授業ではタブーとされてきた。つまり、学生からしたら学費と時間の負担を課される一方、肝心要の司法試験対策はしてくれないわけで、当然不満がたまる。また法律事務所も能力の高い若手を採用したい。両者のニーズがぴたりと一致したのが、2011年から始まった予備試験である。

予備試験とはロースクール修了者と同等の学識などを有するかを、法律科目を中心に短答式・論文式筆記試験、口述試験で判定する試験だ。合格すればロースクールを経ずに司法試験の受験資格を得ることができる。受験資格の制限はなく、その試験形式や内容はどちらかといえば旧司法試験に近い。

「表立って言えないが、法学部生の間ではロースクールに進学するのは、予備試験に落ちた人だとみられている」。予備試験に合格した若手の男性弁護士は語る。「弁護士という職業には魅力があるが、だからといってロースクールに何百万円も払いたくないというのが皆の本音」だという。

予備試験組が圧勝

予備試験合格資格者の司法試験合格率はなんと81・8%(19年)。ロースクール全体の29・1%はもちろん、ロースクール勢でトップの京都大学の62・7%を大きく凌駕している。

この圧倒的な合格率を背景に、予備試験の受験者数はほぼ右肩上がりを続け、ここ数年は年間1万人を上回る。口述試験までクリアした合格者は400人超で、合格率は3~4%。旧司法試験並みの超難関となっている。

「予備試験と司法試験で求められる知識レベルは同等」。司法試験予備校はそう口をそろえる。業界最大手の伊藤塾、新興のアガルートアカデミーとも、大学1年次などできるだけ早期から、予備試験に向けた勉強を始めることを推奨している。実際、各予備校には慶応大学の付属校を中心に高校生も通っており、高校在学中に予備試験に合格した例すらある。

予備試験合格は優秀な若手であることのまたとない証明となっており、「ロースクール1年目までに合格できれば、就職人気の高い5大ローファームにもほぼフリーパスで入ることができる」（予備試験合格者の若手弁護士）とされる。

ロースクールの教員たちからは、開設当初の学生は知的足腰も強く、議論しがいがあったとの声が漏れる。それは彼らが旧試験の経験者たちで、法的知識の土台があったからこそといえる。であれば、予備試験のための勉強をした学生が増えれば、ロースクールの持つ幅広いメニューが生きる可能性もある。

だがロースクール側が予備試験を見る目は厳しい。20年度から新たな法曹養成ルート「法曹コース」がスタートした。法学部3年での早期卒業を前提としてロースクールに進学するため、1年分の学費が節約できる。同時にロースクール在学中に司法試験を受験できるようになるため、時間短縮も可能となる。

合格率トップの「予備試験組」

—予備試験合格資格者の司法試験合格者数と合格率—

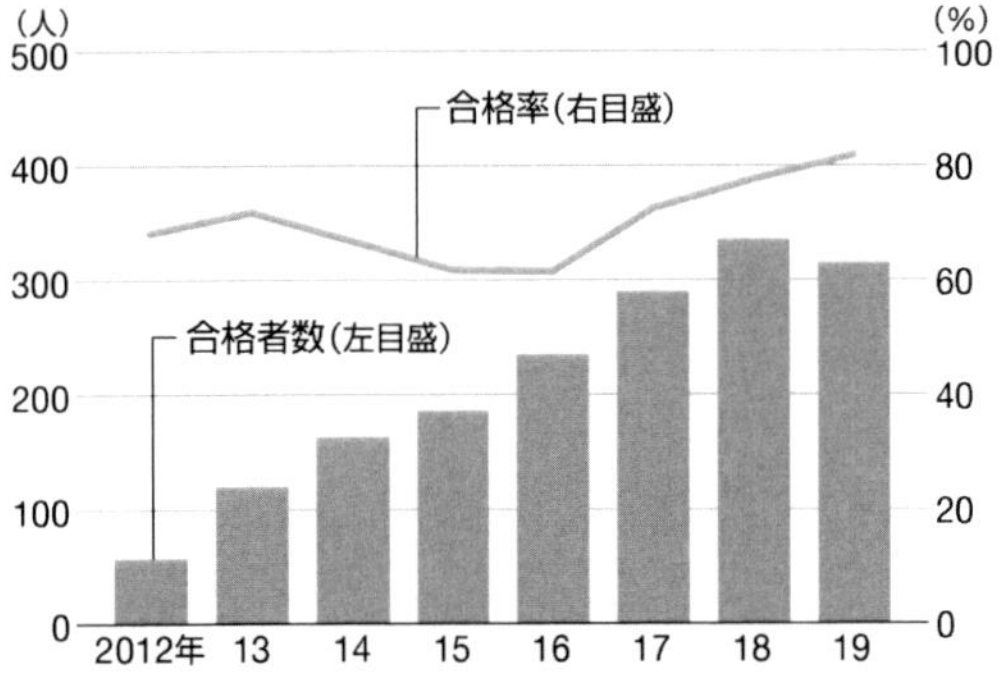

(出所)法務省・文部科学省「法曹養成制度改革連絡協議会」

予備試験対策で短縮ルートを開始

—2020年度から始まる新たな法曹養成ルート—

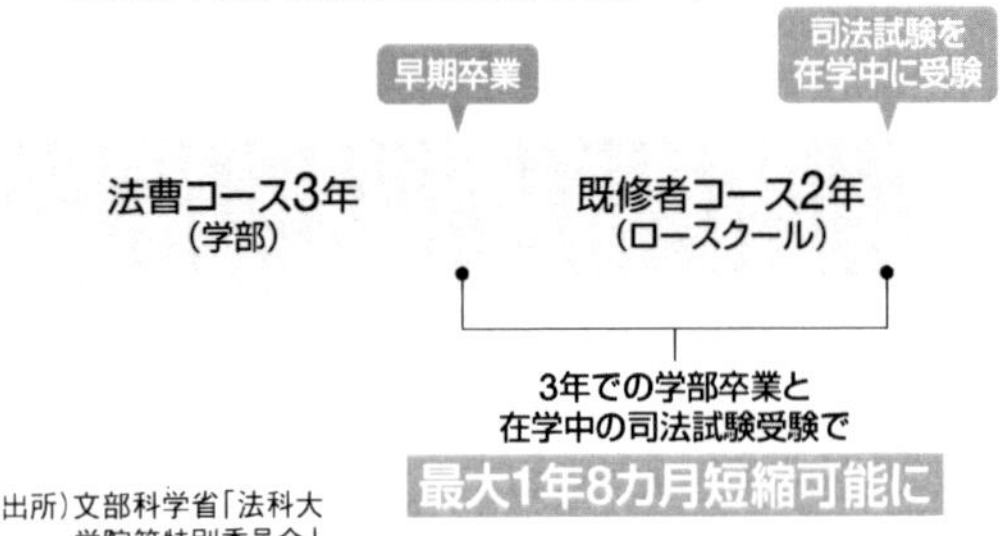

(出所)文部科学省「法科大学院等特別委員会」

ロースクール側から放たれた、明確な「予備試験対策」の矢だが、どこまで刺さるかは未知数だ。

いずれにせよ、「法曹離れはようやく底打ちし回復基調だが、まだ裾野の広がりは見えない」（ロースクール幹部）のは事実。業界に有為な人材を呼び寄せるためのさらなる変革は欠かせない。

（風間直樹）

先行する慶応、追う早稲田、中央

弁護士輩出大学の明暗

フリーライター・オバタカズユキ

司法試験合格者数の上位常連大学といえば、東大、早稲田、中央のイメージが根強い。1970年代には「中東戦争」（中央vs・東大）なる言い方もあったが、目下の勢力図は変化している。

「首都圏ロースクールの人気では、トップが東大か一橋、次いで慶応、その次が早稲田、そこからだいぶ離れて中央といったところ。その中では、中央だけが司法試験の合格率で全体平均を下回っているのが現状だ」

司法試験予備校の最大手である伊藤塾の司法試験教務企画課リーダー・奈良大輔氏はそう説明する。私大では、慶応→早稲田→中央という並びがほぼ定位置になっているようだ。ライバル3大ロースクールがなぜそのような人気順にあるのか、それぞれの特徴や課題を見ていこう。

まず、中央大学ロースクールについて。2006年の新司法試験開始以降も合格者数ではずっと3桁をキープ、近年でもトップ争いの一員ではある。しかしながら、いかんせん合格率が低い。この点を中大法務研究科長の小林明彦氏に聞くと、こんな答えが返ってきた。

「全国の法曹志望者が減少傾向にある中、14~16年には定員充足率を上げるため成績が下のほうの人も合格させた。結果、学生の質で、慶応などのブランドにどうしても劣ってしまっている」

今でも「法科の中央」と呼ばれ、一定のブランド力がある法学部には、司法試験に対して強い思いを持つ学生が多く集まり、また、多摩キャンパスの学生研究棟「炎の塔」において、いくつもの司法試験受験対策団体が活発に活動している。学部生の質は決して低くない。けれども、そのうちの少なからぬ数が一橋や慶応、東大などに行ってしまうそうだ。優秀層が司法試験合格率の高いロースクールに流れ、強いロースクールはより強くなり、そうでないところは苦しいことになる。

「うちは学生と教員との距離が近い。クラスアドバイザー（学級担任）がいて、授業外でのコミュニケーションも濃い。OB・OGたちの母校愛も熱く、授業援助などをしてくれている。そうした特色を生かし、いま力を入れているのは、学部時代にさほど優秀ではなかった中位層の学生の力をどう引き上げるかだ」（小林氏）

合格率では全体平均を下回る中大ロースクール

―司法試験最終合格者数と合格率（2019年度）―

	合格者数	合格率
慶応大ロースクール	152人	50.67%
中央大ロースクール	109人	28.39%
早大ロースクール	106人	42.06%

中大の合格率は全体平均（33.63%）以下

人数では3校とも五指に入る

（出所）法務省・文部科学省「法曹養成制度改革連絡協議会」

当初の出遅れが響く早大

一方、学部人気では慶応といい勝負をしている早稲田も、ロースクールでは一歩後れを取っている。最近はようやく盛り返してきたものの、新司法試験の開始年は合格者数でベスト10にも入っていなかった。早大法務研究科長の松村和徳氏が言う。

「最初はロースクールの設立理念である、いろいろなバックグラウンドを持った人を法曹に、という考え方に従って、300人の定員のうち法学部出身の既修者は20人ほどしかとらなかった。結果、惨敗。司法試験自体も、理念に沿ったものへ変わると思ったのだが、そうはならなかった」

方向転換して、今では既修者140人、未修者45人と、他校と同じぐらいのバランスに落ち着いている。が、当初はこの読み違いで、早稲田の法学部生のほとんどが他大のロースクールに散ってしまい、それまで慶応に圧勝していたのが簡単に逆転した。「よい人材を先に確保できると後が楽」ということで、司法試験の合格率においていまだ慶応優位が続いている。

「早大ロースクールの特色は、企業法務、渉外法務、知的財産法務など法律実務教育のバリエーションが豊富なこと。法曹としての付加価値を持ってもらいたいと考えているのだが、学生がどこまで関心を持っているかというと、残念ながらそれほどではない。やっぱり司法試験の合格が一番の関心で、それに直結しない科目はあまり取りたがらない」（松村氏）

就職の段階で大手法律事務所などが「付加価値」を評価すれば学生の意識も変わるのだろうが、現状ではまだそうした新しい流れは見られないようだ。

では、私大ロースクールの中で最強の座にある慶応はどうか。強い者がますます強くなる好循環に入って、余裕しゃくしゃくとしているのだろうと思ったのだが、慶大法務研究科委員長の北居功氏の話は少し違っていた。

「220人という大きな規模の定員維持が難しい。既修者定員170人のところ、実入学者数は140～160人ぐらい。未修者は定員50人に対して40人ぐらいで止まっている。東大や一橋のようにほぼ定員充足かそれ以上とはいかない。学費は、初年度納付金でうちが160万円に対して、国立は半額程度。しかも合格率の実績が上ならば、優秀な学生に向こうを選ばれても仕方がない」

ちなみに19年度の司法試験で慶応の合格率は50・67%だったが、東大は56・30%で一橋は59・82%だ（全国1位は京大の62・69%）。その差は10ポイントあるかないかだが、少しでも合格に近づきたい学生にとっては大きな違いだろう。

また、学費についても北居氏はこう語る。

「私大の学費は大体どこも同じぐらいだが、早稲田や中央と比較するなら、あちらは年間授業料相当額給付をはじめとした、さまざまな奨学金制度を用意している。こちらにはそうしたものが少ない。慶応の中でもロースクールは独立採算なので、奨学金を出したくても出せないのだ」

私大トップの〝陸の王者〟の「愚痴」といったところだろうか。とはいえ、それら以外の点では、学生と教員との距離は近く、コロナ禍以前は酒を酌み交わして談話する機会も多かったし、実務科目も早稲田に負けず劣らず充実。国内留学といえる英語による「グローバル法務専攻」を開設するなど、国際対応もしっかりしている。

予備試験には危機感

慶応は2007年度に、司法試験考査委員であった専任教授による試験漏洩問題が起きて以来、司法試験対策をまったくやっていないと公言している。そして、通常の授業をきちんと受ければ、試験に合格できる力はつくとし、実際にそれだけの実績を上げている。

そんな慶応も近年台頭するロースクールを回避する予備試験ルートに対しては、「元は学費が払えない人を対象にしたもの。だが実際に受かっているのは若くて裕福な人ばかり。本来は予備試験を廃止すべきで、経済的困窮者には国が奨学金支援をすればよい」（北居氏）と強く批判する。

試験日の瞬間最大風速的な学力を測る「点による選抜」に陥ってしまった旧司法試験から脱して、「線による教育」を狙ったのが法科大学院制度だったのに、予備試験の人気で元の木阿弥になりつつある、といういら立ちがロースクール関係者には募るのだ。

今や就職で最強のアピール材料になるからと、できるだけ若いうちの予備試験合格を目指し、そのため予備校での勉強に励んでいる法学部生やロースクール生は主流派だ。ロースクールを経て司法試験合格を目指す道は、予備試験に合格できなかった人が仕方なく取る手段ともいう。
それは本末転倒だという思いは、早稲田も中央も共有している。

おばた・かずゆき
1964年生まれ。フリーライター、編集者。99年から監修者として毎春『大学図鑑!』を刊行。『早稲田と慶応の研究』『何のために働くか』ほか著書多数。

金脈化する第三者委員会

「独立した第三者委員会を設置し、原因を究明します」

ひとたび不祥事が発生すると、企業は第三者委員会や特別調査委員会、社内調査委員会などなんらかの〝委員会〟を設置して、不祥事の原因究明を行う。これまでも日本郵政や関西電力、ジャパンディスプレイなどの企業や、厚生労働省のような官公庁などさまざまな組織が第三者委員会を設置してきた。

次表は、2018年9月からの2年間に上場企業が設置した、第三者委員会、またはそれに準ずる委員会の一覧だ。上場企業では2年間で少なくとも64の委員会が設置された。

■大手法律事務所が実働部隊に ―過去2年間に設置された第三者委員会―

委員長	主な調査補助者	会社名
青沼隆之		日本フォームサービス
甘利公人	EY新日本、**西村あさひ**	東洋インキSCHD
飯塚孝徳	LM、ほくと総合	東京貴宝
伊丹俊彦	**長島・大野・常松**、PwCビジネスアシュアランス	ALBERT
伊藤鉄男	**西村あさひ**	レオパレス21
伊藤鉄男	渥美坂井	日本郵政
伊藤信彦	(第三者委員会に移行)	ハイアス・アンド・C
伊藤 尚	EY新日本、阿部・井窪・片山、アカウンティング アドバイザリー、**アンダーソン・毛利・友常**	MTG
井上寅喜	ほくと総合、アカウンティング アドバイザリー	RS Technologies
奥津泰彦		アルファクス・フード・S
小澤徹夫	桃尾・松尾・難波、デロイト トーマツ	ユー・エム・シー・E
神垣清水	東京フィナンシャル・アドバイザーズ、OMM	Nuts
河邉義正		ジェイHD
国谷史朗	大江橋、EY新日本	住友精密工業
国谷史朗	大江橋、ひふみ総合、KPMG FAS	大和ハウス工業
国谷史朗	大江橋、EY新日本	ナイガイ
国谷史朗	大江橋、EY新日本	ジャパンディスプレイ
熊谷真喜	祝田、PwCビジネスアシュアランス	LIXILグループ
熊﨑勝彦	サン綜合、ひふみ総合	アルテリア・ネットワークス
桑野幸徳	加藤・西田・長谷川、北浜	大和ハウス工業(2019年5月)
桑野幸徳	加藤・西田・長谷川、北浜	大和ハウス工業(2020年1月)
相良朋紀	**TMI総合**	PCIHD
杉山直人		石垣食品
高橋明人	**アンダーソン・毛利・友常**	ジャムコ
但木敬一	**森・濱田松本**	関西電力
谷口勝則	光和総合、ほくと総合、デロイト トーマツ	シーイーシー
谷 友輔	曽我、デロイト トーマツ	藤倉コンポジット
寺田昌弘	シティユーワ、プロアクト、EY新日本、田辺総合	ホシザキ
中原健夫	ほくと総合、アカウンティング アドバイザリー、のぞみ総合、大知、KPMG FAS	サクサHD
西谷 敦	**アンダーソン・毛利・友常**、PwCアドバイザリー	リズム
西中克己	西中・宮下、赤坂有限責任監査法人、Atlas Accounting、**アンダーソン・毛利・友常**	第一商品
野間敬和	**TMI総合**	イオンディライト

委員長	主な調査補助者	会社名
長谷川哲造	光和総合、KPMG FAS	コロプラ
濱 邦久		TATERU
濱 邦久	**TMI総合**、KPMG FAS	ネットワンシステムズ
浜田卓二郎		イメージ情報開発
早山 徹	三宅坂総合、KPMG FAS、金杜	ニッピ
日野正晴	丸の内総合	ナイス
平出晋一	平出・高橋、PwCビジネスアシュアランス	日本ハウスHD
平岩孝一郎	PwCビジネスアシュアランス、**西村あさひ**	日立キャピタル
平尾 覚	**西村あさひ**、PwCアドバイザリー	スバル興業
平尾 覚	**西村あさひ**、KPMG FAS	大豊工業
藤木 久		ダイワボウHD
藤津康彦	PwCアドバイザリー、**森・濱田松本**	理研ビタミン
藤津康彦	(第三者委員会に移行)	ジャパンディスプレイ
政木道夫	シティユーワ	アルフレッサHD
増田健一	**アンダーソン・毛利・友常**、KPMG FAS	平山HD
松藤 斉	岩田合同	ディー・エル・イー
松村卓治		リソー教育
松本 茂	**森・濱田松本**、KPMG FAS	小松ウオール工業
三木秀夫	三木秀夫	くろがね工作所
三宅英貴	**アンダーソン・毛利・友常**、デロイト トーマツ	シナネンHD
三宅英貴	**アンダーソン・毛利・友常**、アカウンティング アドバイザリー	日鉄ソリューションズ
本林 徹	**森・濱田松本**、KPMG FAS	九州旅客鉄道
本村 健	岩田合同、光和総合	プロスペクト
本村 健	岩田合同、ほくと総合、PwCアドバイザリー	水道機工
森本大介	**西村あさひ**、光和総合	明豊エンタープライズ
安元義博		東邦金属
矢田次男		西武HD
山形康郎	関西法律特許、KPMG FAS	梅の花
山口利昭	デロイト トーマツ	日住サービス
山口利昭	プロアクト、**アンダーソン・毛利・友常**、光和総合、PwCアドバイザリー	ハイアス・アンド・C
和田芳幸	(第三者委員会に移行)	スペースバリューHD (2019年2月)
和田芳幸	岩田合同、真和総合	スペースバリューHD (2019年3月)

(注)委員長名五十音順。第三者委員会やそれに準ずる委員会を設置した上場企業。ニッピは社内特別調査委員会。期間は2018年9月～20年9月。調査補助者が多数の場合は主な監査法人・法律事務所、調査補助者の**太字**は5大法律事務所。会社名はホールディングスをHDとするなど適宜省略した
(出所)各社の適時開示、プレスリリース、第三者委員会報告書などを基に本誌作成

表を詳しく見ていくと、同じ弁護士が複数の案件を担当していることがわかる。例えば、国谷史朗弁護士は委員長を2年間で4回務めている。検察庁で有力ポストに就いていた弁護士が、委員長に就任しているケースも多い。検察トップの元検事総長・但木敬一氏、元東京高検検事長の濱邦久氏、最高検次長検事だった伊藤鉄男氏など有力者が並ぶ。

ただ、検察OBが委員長に適しているかどうかについては、議論が分かれる。「事件のスジを読み、真犯人を絞り込む検事は、不祥事を起こした組織の問題点を洗い出し、改善を促す第三者委員会の委員長には向いていないのではないか」（第三者委員会の実態に詳しい八田進二・青山学院大学名誉教授）という指摘もある。

さらに注目すべきなのは、委員会の調査補助者に森・濱田松本法律事務所や西村あさひ法律事務所などの5大法律事務所が名を連ねている点だ。

第三者委員会では調査の対象者が多い場合や、会計、デジタル技術など専門知識が必要な場合に、委員会の委員以外に調査を手助けする調査補助者が就く。例えば、MTG社の第三者委員会では82人の弁護士や公認会計士などが調査補助者として働いた。

だが、八田氏に言わせれば、「そもそも弁護士は顧客ファーストで、依頼者の利益を守る立場にあり、第三者の立場から中立的に原因を究明する第三者委員会の業務には不向きだ。企業不祥事の多くが会計不正であることから、本来は公認会計士などが積極的に関わるべきだ」という。

実際、調査補助者として大手の監査法人が多く関わっているとはいえ、過去2年間で公認会計士の委員長は奥津泰彦氏や谷口勝則氏など5人にとどまる。

弁護士が選ばれる〝事情〟

必ずしも最適とはいえない弁護士や検察ＯＢが、なぜ多くの第三者委員会で主導的な役割を担っているのか。そこには依頼する企業側、弁護士側双方の事情がある。

まず弁護士側には、第三者委員会が２０００年代初めからスタートした司法制度改革で発生した司法試験大量合格世代の受け皿になっているという事情がある。消費者金融への過払い金請求が下火になるにつれて、第三者委員会が新たな金脈として台頭してきたのだ。

多人数が長時間にわたる調査に取り組む第三者委員会では、数億円から数十億円の巨額の調査費用が委員や補助者に支払われることになる。巨額の収入が得られる第三者委員会は、弁護士や事務所にとって大事な収入源だ。

また、不祥事企業の経営者側には、刑事事件化を避けるために第三者委員会を免罪符として利用したいという事情がある。調査費用が高額になりがちなのも、現役の検察官ににらみが利きそうな大物ＯＢが委員長に選ばれがちなのもこのためだ。

それまであやふやな存在だった第三者委員会に一定のルールを設けるため、日本弁護士連合会を中心に「第三者委員会ガイドライン」が２０１０年に策定された。委員や調査補助者らの給料は時間単位で支払われることになったが、調査費用に歯止めはかかっていない。

そこで「第三者委員会への報酬を報告書などで開示するべきだ」と指摘する専門家もいる。現在は多くの場合非開示となっているが、透明性を確保すれば調査費用の膨張を抑制できそうだからだ。
また、第三者委員会の委員選びから、第三者に委ねるべきだという意見もある。2020年10月20日に行われた金融庁の有識者会議では、委員から「コーポレートガバナンス・コードの見直しに合わせて、第三者委員会の委員は独立性がある社外の取締役や監査役が決めるよう明記してはどうか」という意見も出た。第三者委員会が単なる弁護士の金脈や企業の免罪符のままでいいわけがない。早急に正常化を図る必要がありそうだ。

（梅垣勇人）

ヤメ検　実は使い方次第

ノンフィクション作家・森　功

この数年で東京地検特捜部が手がけた大事件といえば、日産自動車元会長のカルロス・ゴーンの特別背任が真っ先に思い浮かぶ。つねに世間の耳目を集める特捜事件の中でも、久方ぶりの大捕物だ。

従来、こうした大事件では、えてして大物ヤメ検弁護士が代理人として登場してきた。が、昨今はそうとは限らない。逮捕されたゴーンが頼んだ弁護団は弘中惇一郎や高野隆たちだった。

またゴーンの元側近として金融商品取引法違反（有価証券報告書の虚偽記載）の罪に問われた元日産役員のグレッグ・ケリーには、喜田村洋一がついた。

弘中、喜田村はともに公益社団法人「自由人権協会」の代表理事を務めてきた、いわゆる人権派弁護士の代表格だ。中でも弘中は〝無罪請負人〟などと持ち上げられる。だが、実際は失敗も少なくない。ゴーンの海外逃亡などはその典型ではないだろうか。

人権派弁護士たちは捜査批判を繰り返し、世論を味方につける。ゴーンについても、逮捕・起訴後の保釈を認めない検察の〝人質司法〟を強調し、ゴーンの保釈を勝ち取った。そこまではよかったが、当の依頼人がそれを逆手に取って逃げてしまった。面子丸潰れというほかない。

一方、ヤメ検弁護士たちの多くは古巣とのパイプを使い、執行猶予などを狙う罪と罰の落としどころを探ってきた。そこでは時に後輩の現役検事たちにプレッシャーをかけ、時に人的なパイプを使って捜査情報を得る。旧大蔵省に「大蔵一家」と呼ばれるOBとの一体感があったように、検察にも先輩後輩の人的ネットワークが存在する。

バブル期、闇社会の守護神との異名を取り、政界から暴力団に至るまで顧問となってきた元特捜検事の田中森一などは、人脈をフル活用してきた一人かもしれない。

反面、それは〝司法の談合〟と呼ばれ、批判されてきた。そこへ大阪地検特捜部の証拠改ざん事件が発覚し、検察そのものの威信が地に落ち、ヤメ検の威光も薄れてきた感がある。

ヤメ検需要は消えない

だが、刑事事件におけるヤメ検弁護士の需要が消えてなくなったかといえば、決してそうではない。わけても東京や大阪の地検に置かれている特捜部の検事は捜査技術に長けている。退官した後も、事件でどのような捜査が行われているか、その勘所がわかる。そこで刑事事件の被疑者から頼りにされるのは、今も変わらない。

日産事件では当初、元東京地検特捜部長の大鶴基成がゴーンの代理人となった。大鶴は特捜検事時代の1990年代にゼネコン汚職や4大証券、第一勧業銀行の総会屋利益供与などの事件を手がけ、副部長時代の日歯連ヤミ献金を含めて数多くの経済事件、政界疑獄で辣腕を発揮してきた。

特捜部長時代の2005年にライブドアやカネボウの粉飾決算事件を摘発し、10年には東京地検次席検事として小沢一郎の政治資金管理団体「陸山会」事件の捜査を指揮した。同事件における特捜検事の虚偽捜査報告書問題により、最高検公判部長を最後に退官する。

ヤメ検の強みは文字どおり検事時代の捜査経験である。依頼人は検察人脈を駆使して弁護士活動をしてきた従来の〝司法の談合〟より、そこを期待するようになっている。いきおいヤメ検の役割そのものが様変わりしてきたといえる。

例えばこの数年来、東京五輪開催を当て込んだ地価高騰に目をつけた地面師事件が都内で横行した。地面師事件とは、地主になりすまして不動産業者や住宅業者に土地を売り払う詐欺のことを指す。55億円の被害を出した住宅メーカー「積水ハウス」事件をはじめ、地面師たちが仕掛けた詐欺事件は警視庁管内だけで100件に上るともいわれる。だが、摘発されたのはごく一部でしかない。

大鶴は15年に被害に遭った都内の不動産業者から地面師事件を依頼された。被害者がNTTの元社員寮を買おうとし、銀行から5億円の融資を受け、地主のなりすましに支払った詐欺だ。当の不動産業者はこう話した。

「あろうことか事件の当初、所轄の町田署は私を地面師たちとグルになって銀行融資をだまし取ったかのように見なし、相手にしてくれませんでした。それで途方に暮れ、警察署の玄関先で焼身自殺しようかとまで考えた。思い悩んだ末、大鶴先生に相談したのです」

地面師事件では、経済事件専門の警視庁捜査二課と所轄署の刑事が東京地検刑事部の検事と相談しながら捜査をする。大鶴はまず町田署に怒鳴り込んだ。

「仮に僕が刑事課長だったら、5人の捜査員を使って1週間で犯人を逮捕するよ」

そう伝えた足で、事件を所管し起訴する東京地検立川支部まで出向き、検事にも同じように訴えた。それで捜査当局が動かないわけにはいかない。16年春には立川支部に大鶴の後輩に当たる元特捜検事が着任。それも運がよかった。そうして警視庁は翌17年12月、地面師詐欺グループを摘発する。実は、逮捕した地面師の中には、積水ハウス事件の主犯格もおり、そこも見越した捜査だった。

「頼れる人権派」は幻想

弁護士は依頼人の利益を最優先する。地面師事件の場合は事件を摘発することが依頼人の利益となる。もっとも、多くの依頼人は被疑者たちだ。かつて犯罪を追及する側にいたヤメ検が、被疑者を守る側に立つ。司法の談合批判はそこに違和感を覚えるからでもある。ヤメ検の存在価値が薄れてきたのは、検察とのなれ合いを疑われるためでもあり、それを嫌う依頼人にしてみたら、捜査当局と真っ向から対峙する人権派弁護士の方が頼りがいのあるように映ってきた。

だがそれもある意味、幻想といえる。刑事事件においては、質量ともに捜査当局の情報が弁護側を圧倒している。捜査現場の経験のない弁護士では、なかなかそこに立ち向かえない。人権派弁護士はその不利を挽回するため、世の中を動かそうと当局批判を繰り返しているにすぎない。そうも感じる。換言すれば、そんな捜査のやり方を熟知しているからこそヤメ検需要はなくならないのである。

昨今、警察や検察の捜査もまた、事件のありようとともに変化してきた。高度成長期やバブル期のようなわかりやすい汚職や経済犯が減り、摘発対象一歩手前の企業の粉飾や税逃れ、不正競争、コンプライアンス上の不祥事が増えてきた。企業や団体はそれ以上の不祥事になると刑事事件になるため、そこに対処しなければならない。

捜査側から見れば、以前のような強引な取り調べができない。その分、国税局や公正取引委員会、証券取引等監視委員会といった機関と連携し、捜査情報を集める傾向が強くなった。日産事件も初めに監視委員会が調査していた案件であり、当時委員長だった佐渡賢一はリクルート事件や東京佐川急便事件の捜査で鳴らした元東京地検特捜副部長である。

そんな捜査に応じ、ヤメ検弁護士たちも順応してきた。企業や団体における第三者機関のトップに検察エリートが就くケースが多くなったのもそのためだ。

ヤメ検であろうが人権派であろうが、依頼人の利益を優先する点では役割は同じ。しかしその大前提である法律家として、真実を追求する義務を負う。犯罪を隠蔽したり、事実を捏造したりすることはむろん許されない。＝敬称略＝

森　功（もり・いさお）
1961年生まれ。岡山大学文学部卒。新潮社勤務などを経てフリーに。『ヤメ検　司法エリートが利欲に転ぶとき』、『地面師―他人の土地を売り飛ばす闇の詐欺集団』など著書多数。

遅延続きの裁判の電子化

2001年6月、司法制度改革審議会が裁判手続きへのIT導入のための計画の策定・公表を最高裁判所に提言してから、すでに19年が経つ。だが、日本の裁判所はいまだに中立書も答弁書も証拠も、紙とファクスでやり取りし、メールも外部とのやり取りは不可とされている。

このように長年放置されてきた裁判手続き等のIT化作業が、ここへ来て急ピッチで進み始めた。原因は新型コロナ禍ではない。最高裁に国の予算がついたのだ。

IT化は3つの段階に分けて行われる。第1段階（フェーズ1）が、法改正を必要としない範囲で、争点整理を原告、被告双方とも裁判所に行かずにテレビ会議で行う「e法廷」の部分導入。すでに20年2月から一部の地方裁判所で始まっており、

21年3月までに全国の地裁に拡大する。

知財高裁と東京地裁の知財訴訟を扱う4つの部では、書面のデータ提出が始まっている。

第2段階（フェーズ2）が、争点整理だけでなく初回から判決言い渡しまで、原告、被告ともに裁判手続きを裁判所に行かずに完結させる「e法廷」の完全実施だ。

そして第3段階（フェーズ3）は、裁判関連の書類をすべてオンライン提出に一本化する「e提出」と、裁判関連書類への訴訟当事者による随時オンラインアクセスを可能にする「e事件管理」となる。

フェーズ2、3は全国の裁判所での抜本的なシステム増強と、民事訴訟法の改正を必要とするため、22年度中の法改正を目指す。いずれも完全実施は23年以降の予定だが、フェーズ3は弁護士を対象に22年2～3月ごろから、法改正を伴わない形での部分的な先行実施を予定している。

最高裁が十数年放置

民事裁判は一般に、当事者や代理人弁護士が法廷に出向いて公開の場でやり取りするのは、初回と証人尋問や最終弁論などが行われる終盤のみ。途中は当事者が裁判所の会議室で、主張や証拠の書類を出し合いながら、非公開で争点整理をする。

これを、原告か被告のどちらかが裁判所に出向けば、相手方は電話会議で参加できるようにしたのが、約70年ぶりに民事訴訟法が改正された1998年1月だ。日本の民事訴訟法は、口頭主義と書面主義を訴訟の大原則と規定している。証拠も主張もすべて書面にしたうえで、裁判官の目の前で、原告も被告も口頭で自らの言い分を主張し合う。

その原則を踏まえつつIT化を実現するべく、2005年4月施行の法改正で132条の10を新設。訴訟手続きについて定めている最高裁規則を最高裁が変えさえすれば、オンラインでの申し立てや、電子媒体での書面や証拠の提出ができるよう手当てがされた。ところがここで止まってしまった。

事態が動き出したのは12年後の17年6月。世界銀行が16年10月に公表した「ビジネス環境ランキング2017」で、日本は裁判所手続きの分野でOECD35カ国中23位、世界190カ国中48位という惨憺(さんたん)たる評価を受けた(20年版では各24位・50位に悪化)。

これを問題視した官邸が、「未来投資戦略2017」に裁判手続きのIT化推進を盛り込んで閣議決定し、同年10月、内閣官房内に有識者を集めた「裁判手続等のIT化検討会」を発足させた。

18年7月、有識者と裁判所、法務省の関係者を集めた「民事裁判手続等IT化研究会」(以下、研究会)が発足。法制審での議論のたたき台となる検討を開始した。

19年12月に研究会が法改正に必要な論点を取りまとめた報告書を提出、法制審での議論が始まったのが20年6月だ。

■日本のビジネス環境は、契約執行（裁判所執行）の分野でも下位

分野	OECD順位（36カ国）	世界の順位（190カ国）
総合	18	29
法人設立	30	106
建設許可	7	18
電力	7	14
不動産登記	24	43
信用供与	28	94
投資家保護	25	57
納税	26	51
輸出入	31	57
契約執行	**24**	**50**
破綻処理	3	3

民事裁判の手続きや執行が関係する分野

（注）世界銀行が毎年公表する「Doing Business」の2020年版。世銀は、10分野のビジネス環境を評価し順位づけをしている

官邸主導で予算確保

ＩＴ化を十数年間最高裁が放置した理由については、「裁判所だけでなく弁護士も変化を嫌った」「弁護士が口頭主義の形骸化を危惧した」など諸説あるが、最も有力なのは「最高裁がＩＴ化に必要な国家予算の獲得を諦めていた」という説だ。

最高裁はあらゆる国家機関の中で最も予算交渉が下手な機関だといわれる。

「司法修習生の激増、裁判員制度導入と、お金のかかる業務のために予算を獲得しに行って、逆に裁判官のボーナス減など経費削減を促されたことは一度や二度ではない。十数年間ＩＴ化を放置したのは、結果を出しても給料が下がるのでは割に合わないからでは」と、裁判手続きのＩＴ化問題に詳しい弁護士は話す。

■民事裁判の電子化は長年の課題

	出来事	内容
1998年1月	現行民事訴訟法の施行	争点整理手続きへの電話会議、遠隔地居住証人の尋問へのテレビ会議の使用が可能に
2005年4月	改正民事訴訟法の施行	132条の10を創設。申し立て、支払い督促のオンライン化のための規定整備
17年6月	「未来投資戦略2017」閣議決定	裁判手続き等のIT化推進を提唱
18年3月	「裁判手続等のIT化検討会」が報告書	裁判手続きの全面IT化に向けた工程を提示
18年6月	「未来投資戦略2018」閣議決定	段階的なIT化実現に向け、2019年度中の法制審議会への諮問を指示
19年12月	「民事裁判手続等IT化研究会」報告書	裁判手続きの全面IT化に向けた法改正に必要な論点を整理
20年2月	テレビ会議システムによる争点整理の運用を開始	東京地裁21カ部、大阪地裁12カ部、知財高裁、名古屋など6地裁本庁で開始
20年3月	「民事司法制度改革推進に関する関係府省庁連絡会議」が意見書	民訴法改正を待たずに最高裁規則改正で準備書面などのオンライン提出を先行実施を示唆
20年6月	「法制審議会─民事訴訟法（IT化関係）部会」での検討開始	民訴法改正作業に着手
21年3月	テレビ会議システムによる争点整理運用を全国の地裁に拡大	
22年1～3月	e提出を先行的に開始	弁護士を対象に訴状以外の書面のオンライン提出を開始
22年度中	民事訴訟法改正法案を国会に提出	
23年以降	e法廷の完全実施	双方不出頭、テレビ会議での口頭弁論
	e提出、e事件管理の完全実施	訴状を含めたオンライン申し立て、記録の電子化

もっとも、最高裁は、IT装備で複雑化する訴訟を迅速に処理する新庁舎「中目黒ビジネスコート」建設計画を、「未来投資戦略2017」閣議決定より3年近く早い14年8月に策定、敷地の土壌調査には15年11月に着手している。ここには知財高裁や東京地裁の知財部、破産再生部、商事部などビジネス関連の訴訟を扱う部門を集める。

完成は当初計画から1年遅れの22年3月の予定だが、17年に官邸にプレッシャーをかけられるまで、IT化にまったく無関心だったわけではなさそうだ。

20年2月から始まっている、フェーズ1（テレビ会議を使う原告、被告双方不出頭での手続き）は、弁論準備の「期日」だと法に縛られてできないが、書面による弁論準備手続きの「協議」なら法改正なしで可能という拡大解釈のもと実施されている。フェーズ1を計画どおり実施したら、たまたまコロナ禍と重なっただけだが、Zoomの利用が一気に広がったことが追い風となり、弁護士にはおおむね好評だという。

ただ、最終目標は裁判手続きの全面オンライン化である。日本で提起される裁判の6割は弁護士をつけない本人訴訟。ITリテラシーの低さが原因で裁判を受ける権利が損なわれないよう、サポート体制をどうするかなど、解決するべき課題はまだまだ山積している。

（ジャーナリスト・伊藤　歩）

急速に広がるリーガルテック

デジタル化が進んでこなかった法曹界に新しいプレーヤーが続々と参入している。

リーガル（法律）とテクノロジー（技術）を掛け合わせて「リーガルテック」と呼ばれるこの分野は、大きく7つのカテゴリーに分けることができる。次図は日本のリーガルテックサービスを機能別、主な利用者別に分類したものだ。

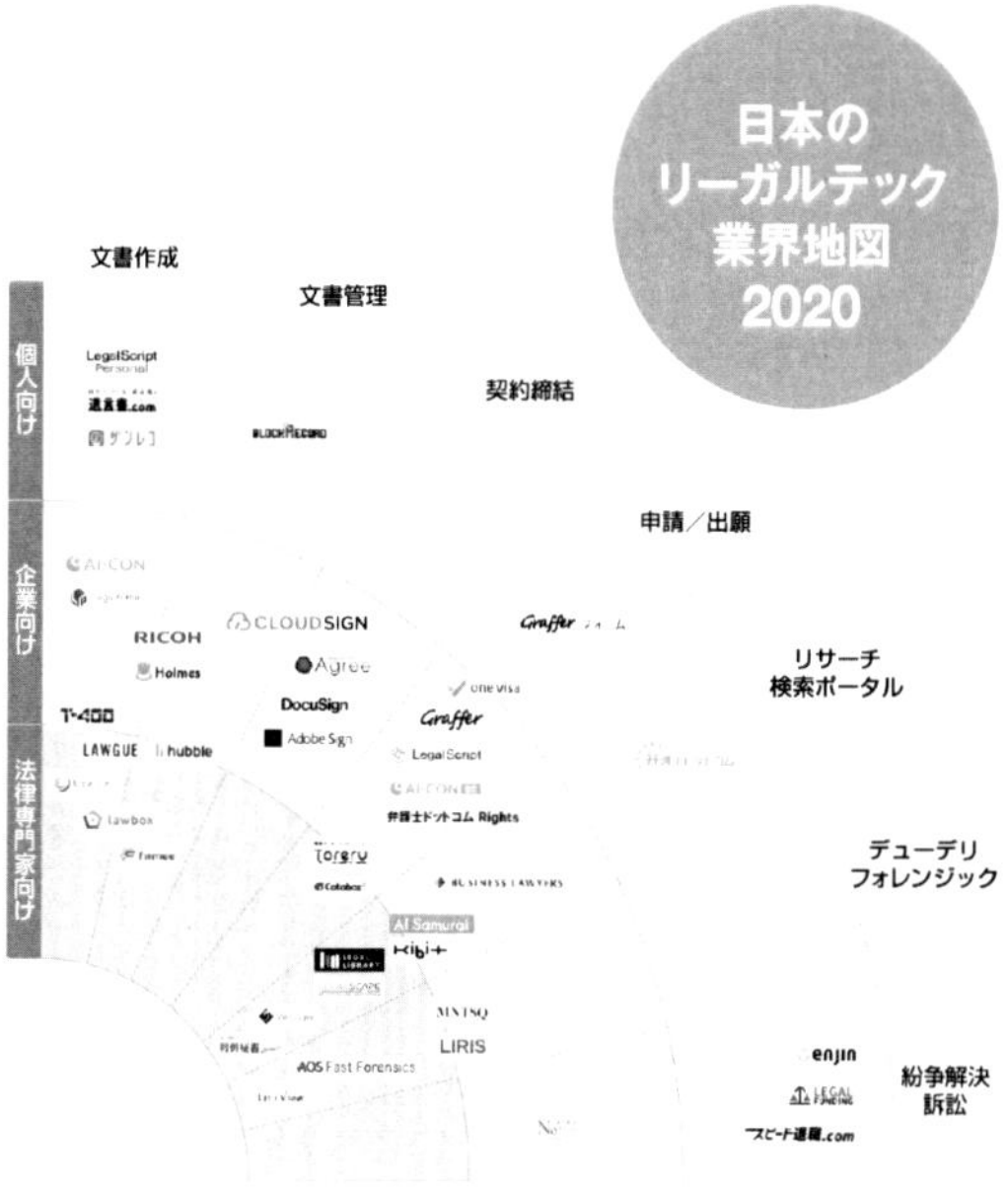

（出所）「リーガルテックカオスマップ2020」弁護士ドットコム

例えば、文書作成分野には個人向けの遺言書作成から企業向けの契約書チェック、法律事務所向けクラウド案件管理ソフトまで多くのサービスが存在する。文書管理には、ブロックチェーン技術を利用し、文書の作成時刻を記録するサービスがある。リサーチ・検索ポータル分野では、個人が法的情報を検索できるようにするサービスとして弁護士ドットコムがある。

リーガルテックでは、ユーザーによって、法律に関する知識に大きな格差がある。このため、属性に合わせてサービスの内容や質を変化させるのが定石なのだ。

Hubble（ハブル）が手がけるのは主に大企業向けの契約書一元管理サービスだ。

「リーガルではメールに成果物を添付してやり取りする10年以上前からの働き方が変わっていなかった。『ほかの業界ではウェブ上で成果物を共有しながら仕事をしている』と聞いたとき、『リーガルでも仕事のやり方が変わる』と思った」。ハブルの取締役を務める酒井智也弁護士は、事業の立ち上げ当時をこう振り返る。

A社とB社が契約を結ぶとき、通常はまず営業担当レベルが口頭で約束する。次は書面として契約書を作る段階で、どちらかの企業の営業が社内の法務部に相談。法務部がたたき台となる契約書案を作る。このたたき台を互いの社内で検討したり、2社間でやり取りしたりしながら契約内容の細部を詰めていくことになる。

多くの人が契約書の中身を確認し、加筆・訂正していくのだが、その過程で問題は発生する。例えば社内でチェックしていく過程でメールやエクセル、ウェブ上のチャットシステム、社内の共有サーバーなどさまざまなツールでやり取りする。加えて、企業の内部では人事異動や退職が発生する。

その結果、修正前と修正後のバージョン管理が煩雑になる。人事異動前後では、ある契約書について、なぜこういう内容になっているのか、どうして特殊な修正が行われたのかなど、契約書を読んだだけではわからない重要な内容が散逸してしまうこともある。時間が経つと、契約書に定められた権利義務関係がよくわからなくなってしまうのだ。

そこでハブルでは「あらゆる立場の人間が使える、シンプルな見た目の『契約情報一元管理システム』を作った」（酒井氏）。ハブルではすべての機能をワード上で利用できるようにしており、契約書のバージョン管理や内容の修正履歴記録が可能だ。スラックなどのビジネスチャットツール上で行われた会話をＡＰＩ（アプリケーション同士をつなぐ仕組み）連携で取得でき、契約書関連のやり取りを自動的にハブルに集約できる。

既存のツールとの連携や使い勝手にこだわる背景には、部署間の微妙な力学があるという。非収益部門の法務部から収益部門の事業部に「難しいシステムでやりましょう」と言ってもうまくいかない。「事業部に無理や負担がなく、ハッピーになってもらわなければいけない」（酒井氏）そうだ。

ハブルは現在、三井不動産やカシオ計算機などの大企業に導入され、社内の契約書管理に使われている。今後は年明けをメドに、ハブルを使っていない契約相手との間でも利用できるようにしていくのだという。

GVA TECH（ジーヴァテック）

のサービスの柱はＡＩ（人工知能）を使って契

約書をチェックする分析システムだ。ベンチャー、スタートアップ企業向けの「AI-CON（アイコン）」と大企業向けの「AI-CON Pro（アイコンプロ）」がある。

アイコンの主眼は、契約交渉の際、大企業に押し切られず対等以上に持ち込むところにある。法務部の人数が少なくノウハウの蓄積も薄いベンチャーやスタートアップ企業が大企業と契約を交わすときは、不利な契約を結んでしまうことがある。

アイコンはそんな〝法務格差〟を解消するための武器だ。500社ものベンチャー、スタートアップがすでに導入しているという。

例えば、秘密情報の提示に関して「技術上、営業上、その他一切の……」という文言が契約書に入っていれば、アイコンは「その他一切」に反応、「どこからどこまでなのか、範囲がわからないから取り除きたい」と指摘する。リスキーな文言があれば太字にし、損害賠償の条文を示したうえで、代替案や修正案を提示する。

自社基準対応が売り

ただ、ここまでなら他のリーガルテック企業の契約書分析サービスと大差はない。どのリーガルテック企業も、自前で抱える弁護士の基準でアラートを鳴らしている。ジーヴァは、一般的な基準に加えて「自社基準」、すなわちクライアント企業の基準でアラートを鳴らすシステムを開発した。

業種や業態ごとにビジネスの慣習や慣行は異なり、企業はその業界の中で失敗と修正を繰り返している。そうした一般化できないノウハウが自社基準だ。

「大企業を回っていると『自分たちの契約書の雛型は、先輩たちが失敗を重ねてブラッシュアップしてきたもの。これを無視して契約書の締結はできない』という話をよく耳にした。それで自社基準にもカスタマイズできるようにした」と山本俊代表は語る。

山本氏は2008年に司法試験に合格すると税務訴訟に強い法律事務所に入所した。だが「スタートアップ支援がしたい」と2年で外へ飛び出し、12年にGVA法律事務所を設立した。

アイコンを構想したのは16年の夏のことだ。大学教授や人工知能研究センターとも議論を重ね、自ら数学の塾にも通って自然言語処理や機械学習を学んだという。

17年にジーヴァを立ち上げ、今ではソフトバンクやスイスの製薬大手ロシュなど有名企業もユーザー企業だという。

「法律情報のグーグルと思ってください」。そう前置きして語り始めたのはLEGAL SCAPE（リーガルスケープ）の八木田樹代表だ。

現在、弁護士や弁護士業を補助するパラリーガルは目視で情報を収集し、膨大な時間を費やしている。法律の条文を正しく理解するために必要な情報が、関連する政省令や書籍、専門誌、裁判の結果を集めた判例集、関連省庁がウェブ上に掲載した議事録などあちこちに散在しているからだ。

リーガルスケープではバラバラに存在する法律情報を解析し、相互に関連づける作業を自動的に行えるようにした。

例えば、ある書籍の文章中に参考文献として別の書籍が出てきた場合。利用者はパソコンの画面上でその箇所をクリックすれば、すぐに参照先の書籍の該当部分が表示される。

文章の内容に応じて該当箇所をひも付けるためには文章のどこにどのような事柄が書いてあるのか機械が認識できる必要がある。これを可能にしたのがリーガルスケープの独自技術だ。とくにコロナ禍で法律事務所や企業の図書室を利用することが難しくなったことで、遠隔でも法律情報を検索できるサービスの需要が伸びたという。

現時点では約500冊の法律専門書がリーガルスケープのデータベースに登録されている。すでに森・濱田松本法律事務所など大手や、企業の法務部と契約している。現在はベータ（試用）版だが1つのIDごとに月8000～9000円の課金制としており、収益の一部を著者や出版社など書籍の発行元に還元するビジネスモデルだ。今後は検索範囲を官公庁のウェブサイトなどに広げたいという。

もう1つの〝野望〟

リーガルスケープにはもう1つの野望がある。それは民事判決の判例をすべてデータベース化することだ。すでに判例のデータベース自体は存在しているが、代表的な判例しか掲載されていない。もしすべての判決を収集することができれば、ビッグデータとして活用できるようになる。

例えば、交通事故のように数万件単位で判決が蓄積されている場合。事故の判決を統計的に分析すれば、同じような事故について自動的に法的な判断を導き出すことが可能になる。

そうすれば、これまでは長期間にわたっていた交通事故裁判を、数時間から1日という短い時間で解決できるようになる。

実現には法律の改正が必要となるなど、越えなければならないハードルは多い。だが「法律のインフラを作りたい」と語る八木田氏の表情は力強い。

情報漏洩、従業員の不正調査、企業不祥事、刑事事件――AOSデータは官民問わず、さまざまな調査機関から依頼を受けて、デジタル情報を分析している。

第三者委員会や検察などから依頼を受けると、AOSデータはまず調査計画を策定する。次に実際の調査先に赴き、証拠となるデータを収集する。同社ではパソコンやスマートフォンはもちろん、ICレコーダーやカーナビ、ドライブレコーダーといった製品からもデータ収集が可能だという。

依頼者から「調査対象者に気づかれないようにデータを収集してほしい」と依頼された場合には、休日や夜間に作業をしたり、調査対象がいる企業のフロア全体を「停電」ということにして立ち入りを制限し、作業する場合もある。

この際、証拠としての価値を担保するために、ファイルが原本から改ざんされていないことを確認できる、「ハッシュ値」というデータの〝指紋〟も取っておく。

次に、収集したデータを専用のツールを用いて分析していく。仮に対象となるデータが削除されていたとしても、削除の方法によっては復旧できることがあるという。また、ネット上で入手できる削除ツールを使っていたとしても、いつ、どのようなツールを使ったのか、削除されたデータの名前は何だったのかといったことを手がかりに分析を進めていく。髪の毛や指紋といった物理的な証拠が残らないデジタル空間でのこうした証拠収集は、まさに〝デジタル鑑識〟といえる。

腕の見せどころは削除データの復元だけではない。「大量のデータから証拠をいかに早く探し出せるかも大切だ」（小瀬聡幸・リーガルデータ事業部副事業部長）。

最終的には、分析したデータから対象者の行動を推測していく。例えばメールならば頻繁にやり取りしているのは誰かといったことから人間関係をあぶり出したり、位置情報やUSBの接続履歴など複数の情報を組み合わせたりすることで、不正に関わる行動がなかったかどうかを調べるのだ。

分析の需要は増すばかり

AOSデータには官民合わせて年間100件以上の調査依頼があるという。とくに、第三者委員会や特別調査委員会などからの依頼は「この2、3年ぐらいで急激に増えてきた」（清利樹・リーガルデータ事業部営業部マネージャー）。「民間企業の場合、同業他社で不祥事があると『自分たちでも同じようなことがないか』と依頼が来る」（清氏）のだそうだ。

企業の側で不正の証拠を確実に残すためにできることはないのか。清氏によれば、「まずは保全が大事。一定以上の役職員が退職するときにはデータを必ず保全してほしい」と訴える。また、「削除ツールのインストールなどを防ぐため、パソコンの『管理者権限』を与えないでほしい」とも話している。

社会全体のデジタル化が呼びかけられ、デジタルの重要性が高まる中で、調査技術への関心も高まりそうだ。

（梅垣勇人、野中大樹）

アンケートや情報発信力で選定

「依頼したい弁護士」分野別25人

企業法務で頼りになる弁護士は誰か？

『週刊東洋経済』では、弁護士ドットコムが運営する企業法務ポータルサイト「BUSINESS LAWYERS（ビジネスロイヤーズ）」編集部の協力を得て、「依頼したい弁護士」25人を選んだ。

ビジネスロイヤーズに登録している企業法務部員に対し、

①M&A・会社法

②コンプライアンス・第三者委員会

③人事労務

④知的財産・エンタメ
⑤IT・個人情報・ベンチャー

の5分野で、活躍していると思う弁護士についてアンケートを実施。さらに各種アワード（顕彰）の受賞歴、論文・著作・セミナーなど対外的な発信などを総合的に判断し、「依頼したい弁護士」として分野ごとに5人を選定した。

代表的な弁護士の横顔を紹介していこう。

【M&A・会社法】

M&A・会社法の分野で著名な中村直人氏は企業へのガバナンス（企業統治）の助言で活躍。株主代表訴訟や株主総会関連訴訟などの訴訟を専門に手がけている。

中村直人弁護士　（中村・角田・松本法律事務所）

訴訟と会社法を得意分野としている。スルガ銀行第三者委員会委員長、関西電力コンプライアンス委員会委員長などを務める。1960年生まれ。一橋大学卒。司法修習37期

龍野滋幹弁護士（アンダーソン・毛利・友常法律事務所）
M&A、ジョイントベンチャー、ファンド組成・投資に精通。会社法、知的財産権取引、そのほか企業法務全般を手がける。東京大学卒。司法修習55期

三浦亮太弁護士（三浦法律事務所）
会社法を専門分野とし、コンプライアンス全般を取り扱う。森・濱田松本法律事務所パートナーを経て2019年に三浦法律事務所設立。東京大学卒。司法修習52期

太田　洋弁護士（西村あさひ法律事務所）
クロスボーダー案件を含むM&A取引、コーポレートガバナンスその他のコーポレート案件など企業法務全般を幅広く手がける。東京大学卒。司法修習45期

藤原総一郎弁護士（長島・大野・常松法律事務所）
M&A取引およびプライベートエクイティー投資を中心に、知財関連取引を含む企

業法務全般に関するアドバイスを提供。東京大学卒。司法修習50期

【コンプライアンス・第三者委員会】

コンプライアンス・第三者委員会の分野では、久保利英明氏。第三者委員会がまとめる報告書の社会的信用を高めることを目的とする「第三者委員会報告書格付け委員会」の委員長を務め、この分野の議論をリードする存在だ。

久保利英明弁護士（日比谷パーク法律事務所）

第三者委員会報告書格付け委員会委員長。ゼンショーホールディングス「すき家」の労働環境改善に関する第三者委員会　委員長などを歴任。東京大学卒。司法修習23期

早川真崇弁護士（渥美坂井法律事務所・外国法共同事業）

2000年検事任官、東京地検特捜部などに勤務。14年に弁護士登録。かんぽ生

命保険契約問題特別調査委員会委員を務める。東京大学卒。司法修習53期

山口利昭弁護士（山口利昭法律事務所）

監査法人、監査役、内部監査部門などの支援を通じて上場企業のコーポレートガバナンス、内部統制構築に従事。ブログ「ビジネス法務の部屋」管理人。大阪大学卒。司法修習42期

三宅英貴弁護士（アンダーソン・毛利・友常法律事務所）

検事、証券取引等監視委員会（証券監視委）、大手監査法人の不正調査・デジタルフォレンジックチームでの豊富な調査経験を有する。慶応大学卒。司法修習52期

竹内　朗弁護士（プロアクト法律事務所）

危機時の実務対応における現場経験が豊富。経営への助言、初動調査から各種ステークホルダー対応、第三者委員会の設置と運営まで幅広く支援。早稲田大学卒。司

法修習48期

【人事労務】

人事労務では、木下潮音氏が名高い。労務の経営側エキスパートとして紛争の防止と解決に当たってきた。不祥事を起こしたスルガ銀行の「企業文化・ガバナンス改革委員会」では委員長を務めた。

木下潮音弁護士（第一芙蓉法律事務所）

労務分野のエキスパートとして高い評価を受ける。スルガ銀行「企業文化・ガバナンス改革委員会」委員長、電通「独立監督委員会」委員など歴任。早稲田大学卒。司法修習37期

岩出　誠弁護士（ロア・ユナイテッド法律事務所）

人事労務問題を中心に活動。労働法に関する大学院での講座、著作・論文も多い。

東京大学大学院修了。司法修習29期

芦原一郎弁護士（弁護士法人キャストグローバル）

森・濱田松本法律事務所、約20年の社内弁護士を経て2020年から現職。東弁民暴委員会、同労働法委員会（16年～副委員長）など。早稲田大学卒。司法修習47期

小鍛冶広道弁護士（第一芙蓉法律事務所）

経営サイドの人事・労務問題に関する各種アドバイス業務を中心に商事問題、民事問題などにも取り組む。早稲田大学卒。司法修習50期

高谷知佐子弁護士（森・濱田松本法律事務所）

労働関連の日常相談、訴訟・紛争対応、M&Aに関連する労働法務など幅広く扱う。クロスボーダー案件についても豊富な経験を有する。東京大学卒。司法修習47期

【知的財産・エンタメ】

知的財産・エンタメでは、内田誠氏。京大工学部卒、立命館大ロースクールで学んだ。知的財産の実務分野での活躍が目立つ。

ＩＴ・個人情報・ベンチャーでは、石川智也氏。データの保護やその利活用について、国際的な動向にも詳しい。

内田　誠弁護士（ｉＣｒａｆｔ法律事務所）
知的財産権、ＩＴ分野が専門。経済産業省「ＡＩ・データの利用に関する契約ガイドライン」検討会作業部会委員などを務める。京都大学卒。司法修習６２期

福井健策弁護士（骨董通り法律事務所）
芸術・文化法、著作権法を専門分野とし、クリエーター、プロダクション、劇団、劇場、レコード会社、出版社などをサポートする。東京大学卒。司法修習４５期

鮫島正洋弁護士（内田・鮫島法律事務所）
藤倉電線（現フジクラ）在職中に弁理士資格取得。日本アイ・ビー・エムを経て1999年弁護士登録。「下町ロケット」に登場する神谷弁護士のモデルでもある。東京工業大学卒。司法修習51期

城山康文弁護士（アンダーソン・毛利・友常法律事務所）
特許紛争を中心とする知的財産分野が専門。東京大学法科大学院の実務家教員も務める。東京大学卒。司法修習46期

内藤　篤弁護士（青山綜合法律事務所）
主たる仕事領域は、エンターテインメントおよびメディア／コミュニケーション関係の法実務。2006年から名画座「シネマヴェーラ渋谷」館主。東京大学卒。司法修習37期

【IT・個人情報・ベンチャー】

IT・個人情報・ベンチャーでは、石川智也氏。データの保護やその利活用について、国際的な動向にも詳しい。

石川智也弁護士（西村あさひ法律事務所）

コーポレート・M&A、知的財産法、データの保護や利活用に関する法制度を専門とする。東京大学卒。司法修習59期

影島広泰弁護士（牛島総合法律事務所）

ITシステム・ソフトウェアの開発・運用、個人情報・プライバシーのグローバルな取り扱い・管理、ネット上のサービス構築、訴訟を中心に取り扱う。一橋大学卒。司法修習56期

水野　祐弁護士（シティライツ法律事務所）

Creative Commons Japan 理事。Arts and Law 理事などを歴任。ＩＴ、クリエーティブ、まちづくり分野のスタートアップ、大企業の新規事業、経営企画などに対するハンズオンのリーガルサービスや先端・戦略法務に従事。慶応大学卒。司法修習６２期

吉澤　尚弁護士（弁護士法人漆間総合法律事務所）

ＡＩ事業、ＨＰＣなど先端技術やヘルスケア事業立ち上げサポートを行う。内閣府バイオ戦略有識者などを務める。一橋大学卒。司法修習５５期

大井哲也弁護士（ＴＭＩ総合法律事務所）

ＩｏＴ、ＡＩ、サイバーセキュリティーなどＩＴを中心とする各産業分野における実務を専門とする。ＴＭＩプライバシー&セキュリティコンサルティングの代表も務める。中央大学卒。司法修習５４期

法的リスクはチャンス　企業は弁護士の活用を

ビジネスロイヤーズ編集長・松本慎一郎

企業法務を専門とする弁護士には、日本企業の競争力に危機感を持っている人が多いと感じる。法律事務所によるリーガルテック企業への出資、弁護士による起業、特徴的な法律事務所の立ち上げといった最近の動きは、法務業務の生産性向上、きめ細かいリーガルサービスの提供によって現状を打破したいという思いの表れだろう。

日本企業は海外企業と比べると、法的なリスクを機会と捉える意識が薄い。法的なグレーゾーンに対し、ＮＯと言うだけではなく「グレーな中で事業機会を見つける」戦略もあり、そのようなサポートをしたいと望む弁護士も増えている。経営者は弁護士を「トラブルを解決する先生」ではなく、「事業を共につくるパートナー」と捉えてみてはどうだろうか。

不確実性が高まる世界では、専門性に加え「個」としての考え方が弁護士に問われていく。その問いに答える発信力も、これからの時代に選ばれる弁護士に必要な素養になる。

INTERVIEW

トップ弁護士が熱く語る

中村流「弁護士論」

「リスク恐れずアドバイスを」

弁護士

中村直人

中村流「弁護士論」「リスク恐れずアドバイスを」

弁護士・中村直人

会社法全般に強い、企業法務弁護士の最右翼といえば、中村直人弁護士だろう。日経新聞などの弁護士ランキングではつねに上位に名を連ねる。中村氏が若手弁護士の心得を書いた『弁護士になった「その先」のこと。』（共著）は、その実践的な内容が業界で大きな話題になっている。日本の企業法務をリードしてきた中村氏の考える弁護士論を、元東洋経済記者の関田真也弁護士が聞いた。

――著書の中で、「納期に遅れたことは一回もない」と明言していました。弁護士は案件が重なると時に締め切りに遅れることも少なくありません。「圧倒的な仕事の速さ」を実現する秘訣は?

仕事は、締め切りではなく「発生日基準」で進めることを心がけている。書面の仕事が発生したらすぐに、まず何をどう書くかという目次を作り、さらにキーワードを思いつくままにざっと並べて、ストーリーを先に見抜く。どの点をクライアントに聞くのか、どの証拠を集めるかも、この時点ですぐ整理してしまう。

日常の法律相談は会社法についてのことが多く、ほとんど過去に回答した経験がある。どこにどういう文献があるかはだいたい頭に入っていて、それ以降の新しい判例とか文献がないかを確認すればいいので30分以内で全部終わる。

弁護士が期限に遅れれば社内での法務部の立場がなくなってしまう。お客さんに「申し訳ない」って電話やメールをするなんてありえない。

――本の中で、「会社は『目からウロコの言葉』を持っている弁護士を評価する」と書いています。具体的にはどういうことですか。

2011年3月の東日本大震災のとき、4~6月に株主総会を開催する会社は、もし総会の最中に大地震が起きたら議事をどうするかが懸念事項だった。

総会を中断して避難すると総会の決議ができなくなるが、すでに配当金支払いのために口座振り替えの依頼を銀行にしていて取り消せない。そうなると、配当の決議がないのに配当が支払われてしまうという困った事態が生じかねなかった。審議を十分しないままの決議は決議取消事由になり、違法だとの見解が弁護士や学者の一部にあったが、地震が起きて総会を続行するわけにもいかないし、会社としてはいったいどうすればよいのかという話だ。

そこで私は、「総会中に大地震があったら、議長は『全議案、原案どおりでいいですね』と叫べばよい。それで決議になる」と助言した。決議だけしてしまえば裁判所も緊急事態であることは勘案するから、決議取消訴訟で負けることはまずないし、万一心配ならば、翌年の株主総会で追認決議をしてしまえば訴訟は却下されるはずという判断からだった。こうしたアドバイスでお客さんも安心してくれた。

ところが、法務省の解説書に載っていないことはみんな書かないし、しゃべらないというのが今の弁護士の流儀だ。新しいこと、断定的なことは絶対に言わない。

――情報が乏しい中で判断を示すリスクは怖くないですか。

弁護士もリスクを取らなければ、人様のお役に立つことはできない。今ある情報に上乗せしてどのような新しいことが言えるか。そこに弁護士の存在意義がある。でも本を出しても新しいことを書く人は全然いない。はっきりいって弁護士の書いた本って、9割方この世になくていい本ばかりとすら思う。

会社法だったら、改正された直後は条文と法務省の概説的な回答しかない。「これを実務でどうしようか?」っていうときに、弁護士が「A説とB説とC説があって、選択肢は3つです。どれを採るかは経営マターですから御社のご判断で」なんて言っていては、お客さんに過度な負担をかける。

そういうのがいちばんダメで、「いや、これはAがいちばんいい」ってズバリ結論まで言うことが大切だ。そのときも「こういう理由から、こういう条文になっているので」と言えないといけない。

だからこそ法制、つまり法体系に基づいた諸制度の理解が重要になる。ところが法制を明確に意識して仕事をしている弁護士はせいぜい全体の5%ぐらいではないか。

「この条文をどのように解釈しようか」というのは法律家なら誰でもできるが、「条文に〝書かれていない〟ことがわかる」ことも重要だ。私は立法に携わったことはないが、法制がわからなければ人に説明できないので、若い頃から一生懸命勉強した。

――「楽しく仕事できる弁護士が、いちばんいい弁護士」とも書いています。腕がいい弁護士になれれば、楽しく仕事できる弁護士になれますか。

もちろん重なるところもあるが、若干違う部分もある。企業法務を扱う大事務所には、腕のいい弁護士はたくさんいるが、楽しく仕事をしている人は多くない。

法律がわからないお客さんに「何を質問したいのですか。特定されないと答えようがないですね」みたいなことを言って、上から目線で接する弁護士が少なくない。弁護士としては「間違いを言うことは許されない」との考えからそう言うのだろうが、何がわからないかもわからず困っているお客さんを撃退するようなやり方をしていて、仕事が楽しいわけがない。

――お客さんといい関係になるためにはどうしたら？

「こうした理由からこの点はこうしたほうがいい」「これでいこう」と、弁護士が相談や会議を仕切ってしまうほうがいい。責任を押し付け合う会議は世の中にたくさんあるけど、これはとてもつまらない。古曳正夫先生や久保利英明先生をはじめとした私の先輩弁護士は先頭に立って主導することから「旗を持って走っていっちゃうタイプ」といわれていた。今どき、そういうタイプはもういないのかもしれないが……。

――「弁護士の仕事は楽しい」と心から言っている人は必ずしも多くないように感じます。

楽しくやろうと思うと、包み隠さず、ざっくばらんにお客さんと話をしなければならないが、それをリスクだと考える弁護士も多い。ファンド系がクライアントだったりすると、ファンドのさらに向こうに出資者がいるから、何か失敗するとすぐ「弁護士の責任を追及しろ」となって、寂しい話になったりする。

私も訴訟を中心に扱う弁護士だから、裁判で負けることはしょっちゅうある。でも今は私のファンになってくれたお客さんしかいないから、結果が悪かったからといって怒られたりはしない。「ちゃんとやったのだから、全然問題ない」とみんな思ってくれている。

保守的に構えて、「ああかもしれない。こうかもしれない」と言って、最後は「決めるのはそちら様ですから」という立場では、全然面白くない。弁護士の仕事は、旗を持って先頭を走っていくのがいちばん楽しい。

――弁護士の数も増え続けていますが、正しい研鑽を積めば若手も上場企業のクライアントを獲得することはできますか。

間違いなくできる。クライアントは今の弁護士に決して満足していない。偉い先生のところに相談に行ったら、ずらーっと弁護士が並んでいて、びっくりするような金額のタイムチャージを請求されたとか、聞かれたことだけに答えて結論を言わず逃げているとか、よい評判ばかりではない。

企業法務をやっている弁護士は東京に5000人ぐらいいると思うが、普通にちゃんとやろうという弁護士は1割もいないのではないか。その1割の弁護士を、上場企業のお客さんも、つねに探しているのが実情だろう。

中村直人（なかむら・なおと）

1960年生まれ。一橋大卒。85年弁護士登録（司法修習37期）。森綜合法律事務所、日比谷パーク法律事務所（パートナー）を経て、2003年中村直人法律事務所を開設（現中村・角田・松本法律事務所）。

【週刊東洋経済】

本書は、東洋経済新報社『週刊東洋経済』2020年11月7日号より抜粋、加筆修正のうえ制作しています。この記事が完全収録された底本をはじめ、雑誌バックナンバーは小社ホームページからもお求めいただけます。

小社では、『週刊東洋経済eビジネス新書』シリーズをはじめ、このほかにも多数の電子書籍ラインナップをそろえております。ぜひストアにて「東洋経済」で検索してみてください。

『週刊東洋経済eビジネス新書』シリーズ

No.333 新幹線 vs. エアライン
No.334 日本史における天皇
No.335 EC覇権バトル
No.336 検証！ NHKの正体
No.337 強い理系大学

No.338　世界史&宗教のツボ
No.339　ＭＡＲＣＨ大解剖
No.340　病院が壊れる
No.341　就職氷河期を救え！
No.342　衝撃！　住めない街
No.343　クスリの罠・医療の闇
No.344　船・港　海の経済学
No.345　資産運用マニュアル
No.346　マンションのリアル
No.347　三菱今昔　１５０年目の名門財閥
No.348　民法&労働法　大改正
No.349　アクティビスト　牙むく株主
No.350　名門大学　シン・序列
No.351　電機の試練

No.352　コロナ時代の不動産
No.353　変わり始めた銀行
No.354　脱炭素　待ったなし
No.355　独習　教養をみがく
No.356　鉄道・航空の惨状
No.357　がん治療の正解
No.358　事業承継　M&A
No.359　テスラの実力
No.360　定年消滅
No.361　激動の半導体
No.362　不動産　勝者と敗者

週刊東洋経済eビジネス新書　No.363
弁護士業界　最前線

【本誌（底本）】
編集局　長谷川　隆、野中大樹、風間直樹、梅垣勇人
デザイン　藤本麻衣、小林由依、池田　梢
進行管理　三隅多香子
発行日　2020年11月7日

【電子版】
編集制作　塚田由紀夫、長谷川　隆
デザイン　大村善久
制作協力　丸井工文社
発行日　2021年7月1日　Ver.1

発行所　〒103-8345
東京都中央区日本橋本石町1-2-1
東洋経済新報社
電話　東洋経済コールセンター
03(6386)1040
https://toyokeizai.net/
発行人　駒橋憲一

電子書籍化に際しては、仕様上の都合などにより適宜編集を加えています。登場人物に関する情報、価格、為替レートなどは、特に記載のない限り底本編集当時のものです。一部の漢字を簡易慣用字体やかなで表記している場合があります。本書は縦書きでレイアウトしています。ご覧になる機種により表示に差が生じることがあります。

※本刊行物は、電子書籍版に基づいてプリントオンデマンド版として作成されたものです。